꿈꾸는 한국사 2

질문의 크기가 꿈의 크기를 결정합니다

꿈꾸는 한국사 2

국가는 어떻게 성장하고 쇠퇴하나요?

심용환 지음

조선 시대

멀리가는이

들어가며

역사는
꿈꾸고 질문하는
어린이들의 것입니다

안녕하세요, 심용환 선생님입니다. 저는 역사학자이고 작가입니다. 또한 초등학생인 두 아이의 아빠이기도 합니다. 제가 평생 연구한 의미 있는 역사 이야기를 어린이 친구들이 알기 쉽도록 책으로 선물하게 되어 정말 기쁩니다. 무엇보다 저의 두 아이와 꼭 나누고 싶은 이야기들을 전하려 노력했습니다.

우리 책의 제목이 왜 《꿈꾸는 한국사》일까요. 우리나라에서는 역사의 중요성을 강조합니다. 드라마나 영화의 소재로 자주 쓰이는 것은 물론, 역사 문제에 대한 해석이 달라 격렬하게 논쟁을 벌이기도 해요. 그런데 가만히 따져 보면 이렇게 중요한 역사를 공부하면서 그 방법은 암기에만 치중하고 있어요. 시험에서 좋은 성적을 받기 위해 인물과 사건, 연도를 달달 외는 것으로 역사 공부를 대신하는 것이지요. 마치 암기를 잘해 아는 척을 더 잘할 수 있게 되기를 바라며 역사를 공부하는 느낌이에요.

《꿈꾸는 한국사》는 "역사 공부는 그런 것이 아닙니다!"라고 말하는 책입니다. 우리는 하루하루를 살아가는 존재들이에요. 사랑을 받고, 꿈을 꾸고, 희망을 가지는 존재들이고, 때로는 속상해하고 가슴 아픈 일들에 눈물을 흘리는 존재들입니다. 그렇게 '우리'라는 존재가 모여서 이야기를 만들고 어우러지는 것이 역사랍니다. 우리는 왜 살아갈까요? 그 모든 이유를 알 수는 없지만, 한 가지 분명한 사실은 멋진 미래를 기대하면서 보다 즐겁고 가치 있게, 의미 있게 살려고 노력하는 것만은 분명해요.

역사는 과거의 이야기잖아요? 과거의 이야기를 공부해야 하는 이유는 우리의 오늘과 미래를 위해서라고 생각해요. 우리의 꿈과 희망에 보다 강력한 힘을 주는 것, 우리의 즐겁고 재미있는 내일을 기대할 수 있도록 커다란 기쁨을 주는 것. 그것이 역사 공부의 목적이라고 생각해요. 우리는 모두 언젠가 어른이 되고, 부모님과 선생님처럼 우리의 인생을 만들어 가야만 하거든요. 또한 대한민국이라는 역사, 지구라는 세계 역사의 구성원이 되어야 하고요.

《꿈꾸는 한국사》는 말 그대로 우리의 역사를 담은 책이지만 중국, 일본을 비롯한 동아시아의 역사 이야기도 많이 담았어요. 지리적으로 가깝기 때문에 서로 많은 영향을 주고받으며 살아 왔거든요. 한국사를 공부하면서 동시에 '세계사로서의 한국사'도 이해해 보고자 한 것이지요. 최대한 딱딱하지 않게, 우리의 입장에서, 부모님과 함께 대화하며 공부할 수 있도록 만들어 보았답니다. 부모님이 먼저 읽어 보셔도 좋아요! 아이와 함께 역사를 공부하는 데 무궁무진하게 활용하셨으면 하는 바람입니다.

사랑하는 아내, 가을이와 노을이, 내 인생을 모두 바치고 싶은 우리 가족,
그리고 그 가족을 밝게 비추는 믿음의 빛 안에서
심용환

등장인물 소개

심용환 선생님을 따라 떠나는 유쾌한 한국사 여행!

우리가 살고 있는 곳의 역사를 알게 되면, 오늘의 문제를 해결할 지혜와 미래를 멋지게 펼쳐나갈 방법을 얻을 수 있어요! 질문하는 여러분과 함께라면 한국사 여행도 정말 흥미진진할 거예요!

심용환 선생님
한국사라면 나에게 맡겨요! 친구들의 끝없는 질문에 한없이 친절하게 대답해 주는 믿음직스러운 한국사 가이드. "여러분, 함께 떠날 준비가 됐나요?"

멀리
한국이의 속 깊은 친구. 질문 많은 한국이의 이야기를 주의 깊게 들어주는 친구랍니다! 평소엔 작고 귀여운 동물이지만, 필요한 때엔 언제든 멋진 비행선으로 변할 수 있어요!

한국이
역사를 정말 좋아하는 학생. 만화책에서 본 한국사 말고, 진짜 흥미진진한 역사 이야기를 듣고 싶어 심용환 선생님과 함께 역사 여행을 떠나게 되었어요! 질문이 정말, 정말 많아요!

차례

들어가며 역사는 꿈꾸고 질문하는 어린이들의 것입니다 * 004
등장인물 소개 심용환 선생님을 따라 떠나는 유쾌한 한국사 여행! * 007

제1장

제도를 만들며
조선이 발달했어요

| 조선, 새 역사가 시작하다 |
반역이 성공하면, 혁명이 될 수 있는 건가요? * 014

| 궁궐 이야기 |
서울에는 왜 이렇게 궁이 많아요? * 026

| 정말 멋진 세종대왕의 시대 |
멋진 리더가 되려면 어떻게 해야 해요? * 038

| 자유롭고 건강한 문화 대국의 면모 |
작지만 강하다는 건 무슨 뜻이에요? * 049

| 수양대군이 일으킨 파란, 계유정난 |
권력을 잡기 위해서 규칙을 깨는 일이 옳은 걸까요? * 060

| 성종 시대, 조선왕조가 완성된 시간 |
왜 법이 꼭 필요한 거예요? * 068

| 폐비 윤씨와 연산군 |
못된 사람이 왕위에 오르면 어떻게 되나요? * 077

제2장
끊임없는 외세의 침략에도 나라를 지켰어요

| 중종과 조광조 |
개혁이 실패하면 어떤 일이 벌어지나요? * 088

| 조선 중기 심각한 위기를 맞이하다 |
나라가 백성을 돌보지 않으면 어떤 일이 발생하나요? * 096

| 퇴계 이황, 인재를 기르고 인문학의 시대를 열다 |
사는 데 공부가 무슨 소용이예요? * 104

| 율곡 이이의 분투 |
나라는 왕이 통치하는데 왜 신하의 능력이 중요한가요? * 112

| 아무런 준비없이 맞닥뜨린 전쟁 임진왜란 |
전쟁의 위기는 어떻게 생기나요? * 123

| 임진왜란 극복의 원동력 |
보잘 것 없는 전력의 조선은 어떻게 왜군을 물리쳤나요? * 133

| 한때의 어진 왕 광해군 |
잘못을 성찰하는 일은 왜 중요한가요? * 144

| 백성을 버리고 도망간 인조 |
기록을 남기는 게 왜 중요한가요? * 152

| 오만함이 낳은 비극 병자호란 |
왜 어떤 싸움에선 이기고 어떤 싸움에선 질까요? * 161

| 전쟁 후에 찾아온 악재 경신대기근 |
이제껏 보지 못한 문제가 발생하면 어떻게 풀어야 하나요? * 168

제3장

서민적이고 실용적인 문화를 꽃피웠어요

| 숙종의 오락가락 리더십 |
어떤 리더를 좋은 리더라고 할 수 있나요? * 178

| 영조의 콤플렉스와 사도세자의 유약함 |
왕이 세자를 죽이는 비극은 왜 일어났나요? * 187

| 정조의 위대함과 한계 |
왜 한국사와 세계사를 함께 공부해야 하나요? * 196

| 한강과 상인의 역사 |
왜 모든 문명은 강을 끼고 발달했나요? * 206

| 조선 후기 실학자들 |
조선은 왜 서양 문물을 늦게 받아들였나요? * 217

| 김홍도와 신윤복 |
조선 시대 최고의 화가는 누구예요? * 226

| 세도정치와 천주교의 발달 |
인간은 왜 신을 믿나요? * 236

| 조선의 마지막 혹은 새로운 시작 |
500년이나 이어져 온 조선은 어떻게 마지막을 맞나요? * 245

제 1장

제도를 만들며
조선이 발달했어요

1392년
이성계가 조선을 건국했어요.

1395년
경복궁을 완공했어요.

1446년
세종대왕이 훈민정음을 반포했어요.

1455년
수양대군이 어린 조카 단종을 몰아내고 왕위에 올랐어요.

1485년
성종이 《경국대전》을 반포했어요.

1506년
연산군이 쫓겨나고 중종이 왕이 되었어요.

조선, 새 역사가 시작하다

반역이 성공하면, 혁명이 될 수 있는 건가요?

: 전혀 새로운 나라의 탄생 :

초등학교에 입학했을 때가 생각나나요? 아니면 새 학년이 되었을 때나요. 혹은 5학년, 6학년 같은 고학년이 되었을 때는요? 어떤 기분이 들었나요? 낯섦, 긴장감, 약간의 두려움, 호기심도 있었을 거예요. '담임선생님은 어떤 분이지? 친절하신 분일까? 나랑 잘 맞을까?', '젊은 분일까, 남자일까, 여자일까?', '새로운 친구들은 어떻게 생겼을까? 같은 반이던 친구가 많으면 좋겠는데…….' 말로 설명할 수 없는 기분이 들었을 겁니다. 새로운 교과서를 받았을 때의 느낌 같은 거요. 처음 보는 내용이 가득 채워져 있는 두툼한 교과서에 대한 궁금함. 새 학년이 되거나 혹은 새로운 학교에 진학할 때면 언제나 마주하게 되는 두근거림이죠.

역사 또한 마찬가지예요. 혼란스러운 시간이 끝나고 새로운 나라가 들어서면 특유의 설렘과 긴장감이 맴돕니다. 새로운 인물들이 나타나 좋은 나라를 만들어 보고자 의욕적으로 나설 때의 낯섦, 긴장감, 약간의 두려움과 호기심. 백성들 모두 앞으로 벌어질 일에 관심을 기울였겠지요?

고조선이 나라를 세운 후 여러 우여곡절이 있었지만 한민족의 역사는 끊임없이 계속되었습니다. 그리고 이제 조선이라는 나라가 등장합니다. 오늘날 우리가 '전통문화'라고 부르는 바로 그 시대가 등장한 겁니다.

: 유교를 국교로 정한 조선 :

아마도 우리에게 가장 익숙한 역사 이야기는 조선왕조일 거예요. 세종대왕, 사도세자, 정도전, 정조와 정약용 등 다양한 소재가 드라마나 영화로 만들어졌죠. 주변을 둘러보아도 조선 시대 유물과 유적을 쉽게 만날 수 있어요. 경복궁, 덕수궁 같은 궁궐은 물론이고 서원, 향교, 한옥까지 오늘날 우리가 직접 마주할 수 있는 문화유산의 거의 대부분이 조선 시대 것이라고 할 수 있습니다.

1392년 고려왕조가 멸망하고 조선왕조가 들어섭니다. 모든 면에서 정말이지 새로운 도전이었답니다. '백성이 행복한 나라를 만들겠다.'라는 것이 조선의 이상이었어요. 민본주의, 즉 백성이 근본인 나라를 만들겠다는 거죠. 이를 위해서 특별히 농업을 강조했어요. 새로운 농법을 개발하는 데 적극적이었고 농업 서적을 편찬하기도 했습니다. 농사를 잘 지어야 먹을 것이 풍족하고, 먹을 것이 풍족해야 사람들이 행복한 마음을 가질 수 있으니까요. 더불어 조선은 왕도정치를 추구한 나라입니다. 도덕적으로 훌륭한 사람이 될 것을 강조했다는 의미예요. 풍족한 먹거리도 중요하지만 좋은 마음을 갖고 좋은 관계를 맺으며 가족끼리, 친구끼리 함께 잘 어울려 사는 것 또한 중요하잖아요? 왕도정치라는 말은 우선 왕부터 도덕적인 인간이 되어야 한다는 것을 의미합니다.

조선은 불교가 아닌 유교를 국교로 정합니다. 송나라에서 등장했던 새로운 유학인 성리학을 받아들여서 국가의 근본이념으로 삼습니다. 엄청난 변화라고 할 수 있어요. 삼국시대에 불교를 받아들인 이후 통일신라, 고려 모두 불교를 국교로 삼았거든요. 약 1,000년간 불교라는 세계관 속에서 생활했던 거예요. 하지만 고려 말기에 이르러 불교는 심각하게 타락해 버립니다. 승려들은 비단옷을 입고 노예를 부리면서 호위호식했죠. 조선은 불교를 비판하고 새로운 정신세계를 강조하는 유교를 기반으로 국가를 운영합니다.

> **유학과 성리학**
> 유학은 중국의 공자가 세운 학문으로 인(仁)과 예(義), 즉 어질고 예의 바른 성품을 중시해요. 성리학은 유학의 기본 이념으로부터 발전한 새로운 유학이랍니다. 송나라의 유학자 주희가 체계를 완성했어요.

조선은 과거제도를 통해 운영되는 나라예요. 철저하게 시험을 통해 인재를 선발했어요. 유교 경전을 얼마나 이해하고 있는지를 테스트해서 오직

> **경전**
> 성인과 현인들이 남긴 글을 의미해요.

조선 시대 최고의 법전, 경국대전

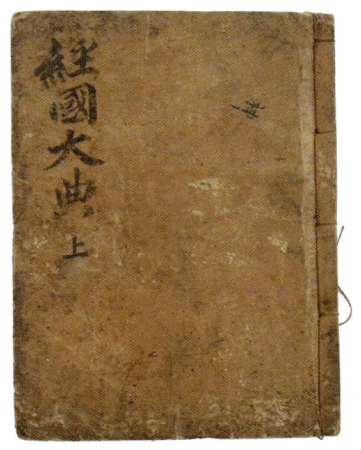

이전·호전·예전·병전·형전·공전 등 총 6개의 법전으로 이루어진 경국대전은 호적과 토지 제도, 학교 제도와 과거제도, 각종 소송 및 재판의 절차 등을 다루고 있어요.

- 고을 사또의 임기는 1,800일이다.
- 여자 관노비가 임신한 경우에는 출산 전 30일, 출산 후 50일의 휴가를 준다.
- 서자에게는 과거 시험을 볼 자격을 주지 않는다.
- 반역죄가 아닌 일로 노비가 주인을 고소하면 노비를 교수형에 처한다.
- 결혼과 동시에 여자가 남자 집에 들어가 시집살이를 한다.

이런 조항을 통해 성리학을 기반으로 한 정치와 경제, 사회와 문화의 기본 규범을 백성들이 지키도록 하고자 했어요.

과거제도에 합격한 인물들만 관료로 삼았답니다. 조선은 법치국가이기도 했어요. 《경국대전》 같은 법전을 만들어서 법에 의거해 국가를 운영했어요. 엄격한 과거 시험을 통해 국가를 이끌 인재를 선발하고, 이들이 법을 토대로 왕과 논의하며 나라를 이끌어 갔던 거죠. 그리고 그러한 원칙에 따라 농업을 진흥시키고 백성들을 위한 정책을 펼치며 보다 나은 세상을 만들고자 했습니다. 새로운 기대와 원대한 전망을 가지고 새 시대에 맞는 새로운 역사를 만들어 가고자 한 것이죠.

: 이성계와 정도전, 아웃사이더들의 의기투합 :

조선은 이성계와 정도전에 의해서 세워집니다. 이들은 고려시대의 아웃사이더들이었어요. 고려는 **문벌 귀족**이 지배한 나라라고 했잖아요? 고려 말기에는 **권문 세족**이 지배했고요. 이성계나 정도전은 귀족 계급이 아니었습니다. 이성계는 함경도 출신이에요. 함경도는 고려시대에 가장 늦게 개척된 땅이자, 원나라가 설치한 **쌍성총관부**가 있던 곳이기도 합니다. 공민왕이 이곳을 다시 되찾을 때 이성계의 아버지 이자춘이 공을 세우면서 이성계가 역사의 전면에 등장해요.

> **문벌 귀족과 권문 세족**
> 문벌 귀족은 주요 관직을 차지한 권력 계급을 뜻하고, 권문세족은 무신정변으로 문벌 귀족이 몰락한 후에 원나라의 지원을 힘입어 권력을 장악한 세력을 말해요.

> **쌍성총관부**
> 중국 원나라가 고려의 북쪽 지방을 다스리기 위해 세운 곳이에요.

최영의 홍산대첩, 최무선의 진포대첩, 이성계의 황산대첩

진포대첩은 1380년 고려의 최무선이 왜구를 상대로 큰 승리를 거둔 해전이에요. 진포대첩에서 최초로 화포를 사용해 왜구에 큰 타격을 입혔답니다. 황산대첩은 같은 해 이성계가 지리산 부근 황산에서 왜구와 싸워 압도적인 대승을 거둔 전투를 말해요. 이성계는 황산대첩에서 왼쪽 다리에 화살을 맞는 부상을 입었지만, 스스로 화살을 뽑고 "겁먹은 자는 물러나라. 나 역시 적과 싸우다 죽을 것이다!"라고 외쳤다고 해요. 황산대첩의 큰 승리로 이성계의 존재가 크게 부상했어요. 최영 장군의 홍산대첩의 승리와 황산대첩의 승리로 왜구는 약화됩니다.

이성계는 정말로 뛰어난 무장이었어요. 활쏘기에 매우 탁월해 호랑이를 쏘아 죽였다든지, 먼 거리에서도 정확하게 나뭇잎을 꿰뚫었다든지 하는 믿기 힘든 이야기까지 전해질 정도예요. 이성계는 약 5,000명에 달하는 가별초를 이끌었어요. 가별초란 이성계에게 충성하는 군대였는데 숙련된 부대였답니다.

고려 말 홍건적과 왜구 그리고 여진족의 침탈이 심각했어요. 이성계는 최영과 더불어 이들과의 싸움에서 큰 공을 세웁니다. 홍건적의 침략을 물리쳤고 공민왕을 몰아내기 위해 파견된 원나라와의 싸움에서도 큰 승리를 거두었습니다. 공민왕이 죽은 후에도 황산대첩을 비롯하여 왜구와의 싸움에서 연전연승을 했어요.

최영은 이성계를 크게 아꼈답니다. 뛰어난 무장이었고 고려를 수차례 위기에서 구했으니까요. 최영 덕분에 고위 관료가 되어서 고려 조정에서 중요한 역할을 감당하기도 했답니다. 하지만 함경도 출신이었기 때문에 문벌 귀족들에게 미움을 받기도 했어요. 문벌 귀족들에게 이성계는 위험한 인물이었거든요. 출신이 미천한 데다 많은 공을 세우면서 백성들 사이에서 인기가 높았죠. 강력한 군권을 가진 무장은 나라를 지키는 데 쓸모가 있지만 칼 부리를 돌려서 반란을 일으킬 수도 있으니까요.

> **군권**
> 군대를 이끄는 권력을 말해요.

이 시기 정도전이 등장합니다. 정도전은 지방 향리의 자제였고 서얼 출신입니다. 지역에서는 나름대로 잘사는 집안 출신이지만 문벌 귀족이 아니었죠. 더구나 어머니의 출신이 비천했기 때문에 차별을 받았어요. 하지만 머리가 비상했고 고려 사회를 개혁하려는 의지 또한 대단했던 인물입니다. 과거에 합격해 공민왕이 세운 성균관에서 공부하면서 신진 관료로서 적극적인 노력을 펼쳤답니다. 하지만 그러한 개혁성 때문에 문벌 귀족의 미움

> **서얼**
> 양반과 평민 사이에 태어난 아이라는 뜻의 '서자'와 양반과 천민 사이에 태어난 아이라는 뜻의 '얼자'를 합한 말이에요.

을 사서 귀양을 가요. 전라남도 나주, 경상북도 영주 등에서 10년에 가까운 유배 생활을 합니다. 풀려난 후에도 개경에 들어오지 못했고, 학당을 세우면 군대가 와서 건물을 부수는 등 오랫동안 박해를 받았습니다.

하지만 정도전은 굴복하지 않았습니다. 오히려 개혁에서 혁명으로 더욱 급진적인 생각을 하게 됩니다. 고려를 고칠 수 없다면 고려를 없애겠다고 생각한 거죠. 정도전은 성리학을 급진적으로 해석했어요. 유교 경전 중에 《맹자》라는 책이 있어요. 제목 그대로 맹자라는 사람이 지은 책입니다. 맹자는 백성을 위해 노력하지 않는 무능한 군주는 쫓아낼 수 있다고 주장했습니다. 소인배가 왕의 자리를 차지하고 있는 것 자체가 잘못되었다는 거죠. 역성혁명을 주장한 거예요. 역성혁명이란 기존의 왕을 몰아내고 새로운 왕을 내세워 새 나라를 세운다는 뜻이에요. 왕조의 성이 이전과 달라진다는 의미에서 이런 이름이 붙었답니다. 정도전은 이 역성혁명에서 해답을 찾습니다. 고려는 왕건이 세운 나라잖아요? 오랜 기간 고려를 고쳐 보려고 노력했지만 소용이 없으니 왕 씨 성을 가진 왕을 쫓아내고 아예 새로운 나라를 만들겠다는 거죠.

정도전은 직접 이성계를 찾아갑니다. 그리고 둘은 의기투합을 해요. 한 명은 강력한 지도력과 군사력을 지니고 있는 뛰어난 무장이었고, 다른 한 명은 국가를 운영

> **개혁성**
> 기존의 제도와 습관을 새롭게 뜯어고치려는 특성을 말해요.

> **급진적**
> 목적이나 이상을 빠르게 실현하고자 하는 성향을 말해요.

> **의기투합**
> 마음이나 뜻이 서로 맞는다는 뜻이에요.

할 수 있는 원대한 비전과 실력을 가진 인물이었어요. 이들은 결국 조선을 건국하는 데 성공합니다.

 이성계는 태조가 됩니다. 왕조를 세운 첫 번째 국왕이었으니까요. 태조 왕건에 이어 태조 이성계가 등장한 거예요. 이성계의 후원 속에 정도전은 여섯 개의 직책을 동시에 맡으면서 새로운 나라 만들기에 혼신의 힘을 다했어요. 요즘으로 말하면 국무총리, 국방부장관, 교육부장관, 법무부장관 등을 혼자 역임한 거라 볼 수 있죠. 정도전은 《조선경국전》과 같은 법전을 만드는 한편 《고려사》라는 역사책, 《불씨잡변》이라는 불교 비판 서적을 썼답니다. 불교로 인해 타락한 고려의 역사를 대신하여 등장한 유교 법치국가 조선의 정당성을 강조한 것이죠. 《진법》이라는 책을 써서 군대 시스템도 새롭게 정비하였고, 수도를 한양으로 천도하면서 경복궁을 짓기도 했습니다.

: 두 개혁가의 못 다 이룬 꿈 :

당시 중국에는 명나라가 들어섭니다. 홍건적의 지도자 주원장이 몽골족과 치열하게 싸운 끝에 원나라를 멸망시키고 다시 북방의 초원으로 쫓아내는 데 성공했어요. 주원장은 중국 남부에서 세력을 모았어요. 양쯔강(양자강)을 방어선으로 삼아서 우선 남부 지역을 통합하였고 그 기세로 베이징에 쳐들어가서 원나라를 멸망시켰습니다. 고려 후기 공민왕은 **반원자주정책**을 실시했고 정몽주, 정도전 같은 신진사대부들 역시 원나라가 아닌 명나라와 친하게 지낼 것을 강조했어요. 하지만 새롭게 들어선 조선과 명나라의 사이는 그다지 좋지 못했어요. 조선은 사대주의를 표방했거든요. 명나라를 인정하고 형식적이긴 하지만 조공을 하면서 황제국가를 모시는 제후국이 되고자 했습니다. 그럼에도 불구하고 명나라를 세운 주원장은 끊임없이 시비를 걸어왔어요. 말을 비롯하여 조선의 특산물을 과다하게 요구하기도 했답니다. 무엇보다 정도전을 싫어했어요. 조선이 강한 나라로 성장하는 게 두려웠던 명나라는 그 원인이 정도전에게 있다고 판단했던 겁니다.

> **반원자주정책**
> 원나라의 간섭에서 벗어나기 위해 개혁적인 정책을 펼친 것을 말합니다.
>
> **사대주의**
> 세력이 강한 나라나 사람을 받들어 섬기는 태도를 뜻해요.
>
> **제후국**
> 황제가 다스리는 나라를 의미해요.

결국 이성계와 정도전은 요동 정벌을 결심합니다. 강력한 군사 행위를 통해 명나라가 조선에 대해 엄두를 내지 못하게 하려는 전략이었죠. 정도전은 요동 정벌을 통해 사병혁파를 노렸습니다. 이성계가 가별초라는 사병을 거느리고 있었잖아요? 당시 귀족들은 저마다 군대를 거느리고 있었어요. 국가에 속하지 않은 무장 세력이 있다는 것은 위험한 일입니다. 언제든 반란을 일으킬 수 있으니까요. 정도전은 요동 정벌을 추진하면서 귀족들의 사병을 없애 버리고자 합니다.

하지만 이성계의 다섯째 아들 이방원이 왕자의 난(1398년)을 일으키면서 요동 정벌은 실패하고 말아요. 왕이 되고 싶어 했던 이방원은 사병을 동원하여 정도전을 암살하는 데 성공합니다. 정도전은 어이없이 죽음을 맞았고 이성계 역시 왕위를 물려주고 상왕으로

이성계와 정도전의 요동 정벌

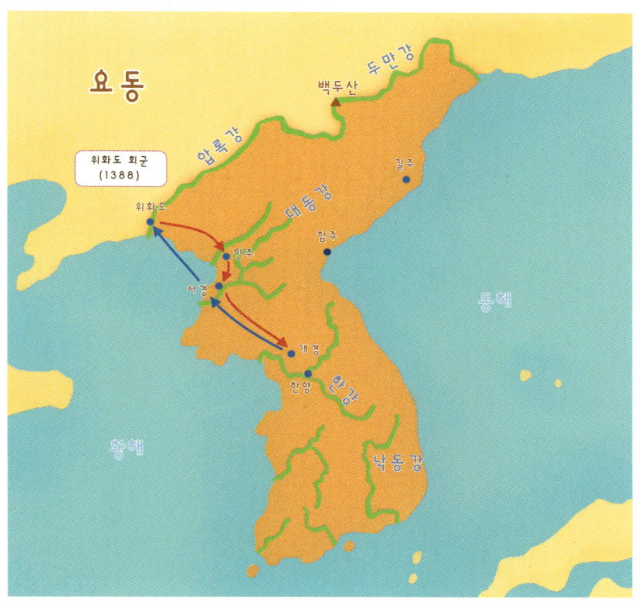

조선을 건국한 후에 조선이 명나라에 보낸 표전(공식 문서)이 예의에 어긋났다고 꼬투리를 잡은 사건이 일어나요. 이 때문에 명나라의 주원장이 정도전에게 사과를 요구하며 잡아가려 하자, 정도전은 요동 정복을 꿈꾸게 됩니다.

물러나 초라한 말년을 보낼 수밖에 없었어요. 나라의 기초를 다지고 더욱 강한 나라로 성장하고자 하는 시점에 갑작스럽게 이야기가 멈추어 버리고 만 거예요. 하지만 이성계와 정도전이 꿈꾸었던 유교적인 이상 국가 조선은 이후에도 계속 발전한답니다.

궁궐 이야기

서울에는 왜 이렇게 궁이 많아요?

: 역사의 흐름에 따른 도시의 흥망성쇠 :

대한민국의 수도는 서울입니다. 인구가 천만에 달하는 세계적인 대도시죠. 가운데 흐르는 한강을 기준으로 크게 강북과 강남으로 나뉘어요. 과거 백제의 수도였던 풍납토성과 몽촌토성도 서울에 있어요. 처음부터 서울이 이렇게 컸던 것은 아니랍니다. 서울이 중요한 지역으로 떠오른 것은 고려 시대부터예요. 고려는 개경을 수도로 삼았지만 평양과 경주를 서경과 동경이라고 부르면서 수도처럼 중요하게 여겼어요. 하지만 시간이 지나면서 경주보다는 서울을 중요시 여기게 되어 남경이라고 불렀답니다. 그리고 고려 중기에 이르면 오늘날 경복궁 근처에 궁궐을 짓기도 합니다. 이때부터 서울

김정호가 한양도성의 모습을 그린 〈수선전도〉

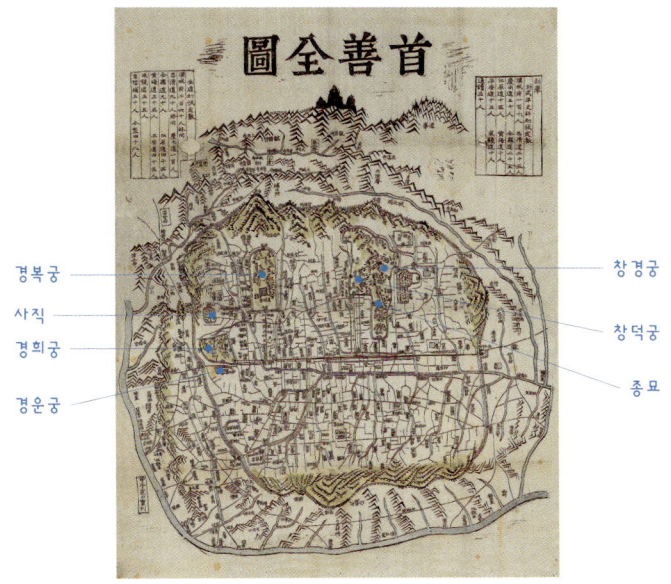

에 많은 사람들이 몰려들었어요. 주로 과거시험 공부를 하기 위해서 모였죠. 오늘날 인천이나 부산이 중요한 도시인 것처럼, 고려 후기에는 서울이 각광을 받게 된 거예요.

조선이 세워지면서 수도가 개성에서 한양으로 바뀝니다. 오늘날 서울시 종로구 일대에 한양도성을 설계하고 천도를 했던 거예요. 그러니까 당시로써는 남대문, 동대문 등으로 둘러싸인 4대문 안쪽만이 서울이었던 거죠. 일제강점기가 되면 서울의 크기가 커져요. 용산과 마포를 비롯해서 강북 일대가 서울이 됩니다. 해방이 되고 대한민국이 세워지면서 서울의 규모는 더더욱 커져요. 수많은 사람들이 서울로 몰려와서 살았거든요. 1970년대부터 본격적으로 강남을 개발해요. 원래 한강은 경강이라고 불렸는데 서울 근처를 흐르는 강이라는 뜻이에요. 그런데 영등포부터 암사동 선사유적지까지 강남 지역 일대가 서울에 포함이 되면서 한강은 서울을 가로지르는 강이 되어 버렸답니다.

  이렇듯 지역이나 공간에도 역사가 있답니다. 경주는 신라 천 년의 역사 동안 한반도에서 가장 중요한 공간이었거든요. 하지만 지금은 아름답고 소박한 지방 도시가 되어 버리고 말았어요. 부산이나 인천도 지금처럼 큰 도시가 아니었답니다. 하지만 일제강점기를 거치면서 일본인들이 이곳을 개발했어요. 해방 이후에는 미국과 가까워지니까 거대한 항구를 가지고 있는 인천과 부산이 발전할 수밖에 없었고요. 조선시대에는 '주'라는 말이 들어가는 도시가 중심지였어요. 공주, 충주, 청주, 상주 같은 곳들이 중요한 도시였죠. 걸어 다니거나 말을 타고 다닐 때 꼭 거치게 되는 교통의 요지였거든요. 충청도는 충주와 청주를 합친 말이고 경상도라는 말도 경주와 상주를 합친 말이에요. 전라도는 전주와 나주를 합친 말이고요. 모두 당시 대표적인 도시 이름을 따서 지은 말이랍니다. 그런데 현재는 세종시, 광주시, 대구시 같은 곳이 훨씬 크잖아요? 기차가 놓이면서 기차역을 중심으로 도시가 발전해서 생긴 현상이랍니다. 지금은 경기도에 사람이 정말 많이 살잖아요? 이것도 우연한 일이 아니에요. 서울에 인구가 너무 늘어나니까 인구 분산을 위해 1990년대 경기도에 신도시를 개발하면서 생긴 현상이랍니다. 도시와 지역에도 역사가 있다는 사실을 기억할 필요가 있어요.

: 지혜로운 통치를 펼친 냉혹한 권력자 :

조선이 건국된 지 6년 만에 왕자의 난이 일어나요. 공신들 간의 권력 다툼이 발생한 거예요. 고려를 무너뜨리고 새 나라를 세울 때는 이성계와 정도전을 중심으로 혁명파가 단결을 했거든요. 하지만 나라가 세워지고 나니까 입장 차이도 생기고 권력을 두고 갈등을 벌이게 되었답니다. 특히 세자 책봉 문제가 심각했어요. 이성계한테는 여러 아들이 있었습니다. 그런데 막내아들을 후계자로 선정한 거예요. 반발이 심할 수밖에 없었죠. 막내는 나이도 어렸고 혁명을 하는 데 아무런 공도 없었거든요. 그에 반해 형들은 아버지를 도왔고 특히 다섯째 아들 이방원은 정몽주를 제거하는 등 결정적인 기여를 했죠. 이에 불만을 품은 이방원은 군사를 모아 정도전을 비롯하여 이성계의 측근들을 암살하는 데 성공하고 왕이 됩니다. 그가 태종입니다.

정도전은 재상 중심의 통치를 주장했습니다. 왕은 신하들의 의견을 잘 수렴하며 어진 정치를 펼치면 되고, 실질적인 국가 운영은 재상을 중심으로 신하들이 결정해서 운영하면 된다는 입장입니다. 태종은 정반대였어요. 왕권을 강화하고 왕이 직접 국가를 운영해야 한다고 생각했습니다. 그래서 '6조 직계제'를 실시했어요. 조선은 이조, 병조 등 여섯 개의 부서를 두고 국가를 운영했거든요. 왕이 직접 부서를 관장하며 적극적으로 국가를 운영해야 한다고 본 거죠. 태종은 권력을 장악하는 데는 거침이 없었지만 통치를 하는 데 있어서는 지혜로웠어요. 조선의 건국 이상을 부정하지도 않았고, 정도전이 추진하던 정책들을 수용해서 국가를 운영했답니다. 특히 정도전이 말년에 추진했던 사병혁파를 이어받아서 공신이나 종친들의 사적인 병력을 해체하는 데 성공했죠. 또한 국방력 강화에도 열심이었답니다. 거북선, 화포 등 임진왜란 때 활약을 펼친 무기들이 모두 이 시기에 개발되었으니까요. 양전사업을 실시하고 호패법도 추진했어요. 양전사업은 토지 조사 사업을 말하는 거예요. 전국의 토지 현황을 정확히 알아야 적당한 세금을 걷을 수 있잖아요? 호패법은 주민등록제라고 할 수 있어요. 국가가 백성을 통치하기 위해서 신분증명서를 발급한 겁니다.

　태종은 슬기롭게 나라를 다스렸지만 권력욕이 심각하다는 단점이 있었어요. 권력을 위해서라면 누구든 죽일 수 있는 사람이었거든요. 태종은 정몽주와 정도전을 죽입니다. 정몽주는 당시 크게 존경받던 고려의 충신이었고 이성계, 정도전과도 가까운 사이였거든요. 하지만 조선 건국에 방해가 된다고 판단하고 단칼에 제거했죠. 정도전은 아버지 이성계의 최측근이고 조선왕조를 설계한 인물이지만, 본인이 왕이 되기 위해 죽입니다. 왕이 된 후에는 민무구, 민무질 등 처남 네 명을 모두 죽여요. 아내의 오빠, 동생을 모두 제거한 거예요. 이들은 태종이 왕이 되는 데 결정적인 지원을 했던 사람들입니다. 하지만 태종은 이들을 의심했어요. 자신이 왕이 되는 데 공을 세웠으니 나중에 교만해지고 횡포를 부리지 않을까 하고요. 그냥 놔두었다가 오히려 이들이 왕을 능멸하고 권력을 강화할지도 모른다고 생각한 거죠. 나중에는 심온이라는 인물도 죽입니다. 심온은 세종의 장인인데 워낙 유능해 태종 때 영의정에 올랐던 인물입니다. 아마도 태종은 이렇게 생각했던 것 같아요. '내가 죽고 나서 심온이 세종에게 영향력을 행세하고 권력을 장악하면 어떡하지?' 하고 말이에요. 결국 심온도 제거합니다. 태종의 이런 모습은 참으로 나쁜 리더십이라고 할 수 있어요. 자기밖에 모르는 거잖아요? 권력을 위해 모든 것을 바치고요.

: 태조가 닦아둔 기틀 위에 정교하게 도시를 세운 태종 :

태종은 창덕궁을 짓고 사람들이 물건을 사고팔 수 있는 시전 거리를 만들어요. 이성계는 수도를 한양으로 천도하고 한양도성을 지었어요. 그리고 이성계의 명에 따라 정도전이 경복궁을 지었죠. 뒤에는 북악산이 있고 오른쪽과 왼쪽에는 인왕산과 낙산이 있어요. 남쪽에는 남산이 있고요. 그리고 가운데에는 청계천이 흐른답니다. 산으로 둘러싸인 넓은 평야 지대의 북쪽에 경복궁을 짓고, 경복궁 앞에는 육조거리라고 여러 관청을 모아 지었습니다. 경복궁의 오른쪽과 왼쪽, 그러니까 인왕산과 낙산 근처에는 사직단과 종묘가 있었어요. 사직단은 토지와 곡식을 주관하는 신인 지곡신에게 제사를 지내는 공간이에요. 조선은 농업 국가잖아요? 좋은 땅에서 좋은 곡물이 나오도록 염원하는 곳이 필요했습니다. 종묘는 죽은 왕의 위패를 모시는 공간이에요. 차례를 지낼 때 보면 조상들의 이름이 쓰인 나무판을 제사상 앞에 세우잖아요? 같은 방식이에요. 이성계의 4대조 할아버지부터 위패를 모셨어요. 조선왕조가 500년 동안 지속되었기 때문에 시간이 지날수록 죽은 왕들의 숫자가 늘어났죠.

그러다 보니 종묘 건물이 계속 옆으로 늘어나게 되었답니다. 지금 가 보면 직사각형 모양의 두 건물이 있는데 옆으로 길쭉하게 늘어섰어요.

산에는 거대한 산성을 지어서 방위를 강화했답니다. 한양도성은 도성을 방어하는 시설이기 때문에 지속적으로 정비를 했어요. 그리고 서울로 들어올 수 있는 곳곳에는 크고 작은 문들을 만들었는데, 대표적인 것이 오늘날 남대문으로 불리는 숭례문과 동대문으로 불리는 흥인지문이랍니다.

> **산성**
> 산 위에 쌓은 성을 말해요.

이성계와 정도전이 기본 틀을 만들었다면 태종은 보다 정교하게 도시를 가꾸어 갑니다. 경복궁 옆에는 창덕궁을 지었는데 두 궁은 스타일이 완전히 달라요. 경복궁의 경우 평야 지대에 사각형 형태로 지었어요. 대부분 왕과 신하들이 회의를 하고 연구하는 건물들로 이루어졌답니다. 중국에서 도성을 짓는 방식과 유사해요. 이렇게 건물을 지은 것은 말 그대로 민본통치, 왕도정치를 하기 위함이었어요. 왕은 백성을 위해 존재하기 때문에 경복궁에서 열심히 국가를 통치하라는 의미였죠. 실제로 세종은 경복궁에서 평생을 보내면서 훌륭한 정치를 했기 때문에 경복궁은 세종의 공간이라고도 부릅니다.

이에 반해 태종은 왕권을 강화한 인물이잖아요? 왕이 편안히 거처할 수 있는 특별한 공간을 만들고 싶었어요. 그렇게 만들어진 건물이 창덕궁이에요. 창덕궁의 경우 거대한 숲으로 둘러 싸여 있어요. 멋진 후원도 있고 왕을 만나기 위해서는 언덕을 한참 걸어 올라가야

한양도성의 모습과 종묘에서 제례를 지내는 모습

종묘제례는 조선 시대의 가장 큰 국가행사 중 하나로, 죽은 왕들의 영혼이 영원한 평화를 누리도록 드리는 의식이에요. 유네스코 인류무형문화유산으로 등재되었어요.

삼군부
군사업무를 담당하던 곳으로 지금의 합동참모본부와 같아요.

중추부
왕의 명령을 외부로 전달하는 일이나 군사 업무를 맡았어요. 오늘날의 병무청이에요.

병조
국방을 담당하는 기관으로 작전 계획을 세우거나 무기를 생산하고 관리하며 궁궐 경비 등을 담당했어요.

형조
죄를 저지른 사람의 형벌을 결정하고 죄수와 노예를 관리했어요. 지금의 법무부예요.

공조
토목 공사, 산림과 농업 관리, 공예품과 도량형 제작, 교통 업무를 담당했어요.

의정부
영의정, 좌의정, 우의정이 모여 국가의 중요한 일을 논의하고 합의해서 왕에게 의견을 올리는 기구였어요.

이조
문관을 임용하고 업무 태도를 평가하거나 상을 주는 일을 했어요.

호조
인구를 조사하고 세금을 거둬들이는 역할을 담당했어요.

한성부
서울의 인구와 시장, 점포와 집, 토지, 도로, 하천 등을 관리하는 일을 담당했어요.

해요. 강력한 권력을 가진 국왕의 통치 공간이기 때문에 그렇답니다. 경복궁과 창덕궁은 그런 면에서 참으로 대조되는 건물이에요.

창덕궁 옆에는 창경궁이 있어요. 창경궁은 주로 왕실의 여성들을 위해 조성된 공간이에요. 왕과 왕비는 경복궁이나 창덕궁에 거주했거든요. 하지만 왕의 할머니, 어머니도 거주해야 할 공간이 필요하잖아요? 드라마를 보면 '대왕대비마마' 등으로 불리는 인물들이 거처하는 곳이 바로 창경궁이랍니다. 그밖에 경희궁과 덕수궁도 있어요. 경희궁은 조선 후기 때 활용되던 공간이에요. 영조나 정조가 경희궁에서 통치를 했죠. 덕수궁은 조금 달라요. 덕수궁은 원래는 궁궐로 쓰던 곳이 아니었거든요. 덕수궁은 조선의 마지막 군주였던 고종이 활용합니다. 대한제국을 선포하면서 덕수궁에서 국가를 운영했어요. 서양식 건축물도 많이 지었죠. 조선의 전통을 유지하며 서구식 근대화를 받아들이겠다는 의지를 표현했던 겁니다.

경복궁과 창덕궁의 모습

경복궁은 넓고 반듯한 면적에 사각형 형태로 지었다면, 창덕궁은 울창한 숲으로 둘러싸인 것을 볼 수 있어요!

정말 멋진 세종대왕의 시대

멋진 리더가 되려면
어떻게 해야 해요?

: 어른이 된다는 건 책임을 진다는 것 :

사람은 누구나 커서 어른이 됩니다. 어른이 된다는 것은 무엇을 의미할까요? 여러 의미가 있겠지만 그중 가장 중요한 것이 '책임을 진다는 것'이에요. 어른이 된다는 건 가정에서는 부모가 되는 것이고 사회에서는 지도자, 즉 리더가 되는 것을 의미해요. 사람들을 가르치고 이끌면서 함께 프로젝트를 추진하고 목표한 바를 이루어내야 해요. 가정으로 본다면 자녀를 잘 키우고 돈도 잘 벌면서 행복한 가정생활을 유지하는 거겠죠. 직장으로 본다면 각자의 전문적인 영역에서 중요한 일을 해내면서 승진도 하고, 승진한 만큼 높은 직위에서 책임감 있게 더욱 중요한 일을 감당해야 하고요.

그래서인지 서점에 가 보면 리더와 관련된 책이 정말 많아요. 특히 사회생활을 하는 데 리더십은 정말 중요하거든요. 어떤 사람을 훌륭한 리더라고 할까요? 좋은 리더십이란 무엇일까요? 단순히 다른 사람한테 잘해 주는 걸까요? 나 혼자만 열심히 일하면 되는 걸까요? 아랫사람들한테 엄격하게 대하면 되는 걸까요? 이런 것만으로는 부족하겠죠. 우리 역사도 마찬가지입니다. 수많은 리더가 있었지만 그중 많은 이들은 자신에게 주어진 책무를 제대로 감당하지 못했어요. 이 때문에 사회가 혼란스러워지거나 나라가 멸망했던 적도 있었고요. 반면 탁월한 능력으로 주어진 일을 잘 수행하면서 위대한 성취를 이루어 내고 나라를 발전시킨 인물도 있답니다. 그 대표적인 예가 세종대왕입니다.

: 인재를 발탁하고 이끄는 데 탁월했던 세종 :

> **장자 계승**
> 아버지의 권력을 아들 중 첫째가 잇는 것을 뜻해요.

충녕대군은 태종의 셋째 아들입니다. 조선은 장자 계승을 원칙으로 하므로 원래는 왕이 될 수 없었는데, 첫째 양녕대군이 지나치게 말썽과 사고를 일으키는 바람에 태종은 훌륭한 자질을 지닌 충녕대군을 후계자로 택합니다. 그가 오늘날까지 많은 사랑과 존경을 받는 세종대왕입니다.

세종대왕 하면 우리 역사를 통틀어 가장 존경받는 인물이에요. 한글 창제, 측우기와 자격루 발명, 4군 6진 개척 등 업적이 셀 수 없이 많아요. 주변에 사람들도 많았어요. 우선 집현전 학사들이 대표적이죠. 정인지, 정초, 이순지, 성삼문, 신숙주 등 수많은 인물들이 세종의 통치를 도왔습니다. 이들은 《칠정산》 같은 과학 서적을 편찬하고 한글 창제를 돕는 등 세종의 문화 통치에 가장 중요한 역할을 했어요.

장영실 또한 유명하지요. 장영실은 경상도 지방의 관노비였답니다. 그런데 물건을 만들고 나무를 다루는 능력이 너무나 탁월했기 때문에 전국적으로 유명했어요. 세종은 과감하게 장영실을 발탁해요. 집현전 학자들이 학문적으로는 뛰어날지 몰라도 기술적으로 구현하는 능력은 없었거든요. 쉽게 말해 글을 쓰고 책을 편찬할 수는 있지만 해시계, 물시계 같은 것을 직접 만드는 데는 한계가 있었어요. 이 부분을 보완한 인물이 장영실입니다. 장영실은 탁월한 엔지니어였어요. '앙부일구'라고 불리던 해시계를 발명했고, 물을 이용하여 자동으로 시간을 알려 주는 '자격루'를 만들었습니다. 이 밖에도 각종 천문기구를 만들었고 금속활자 발명에도 참여했어요. 세종 또한 장영실을 파격적으로 대했답니다. 노비였지만 신분을 높여서 관리로 만들어 주었으니까요. 세종 시대에나 가능했던 일이었죠.

국가 행정을 책임지는 재상들도 뛰어났어요. 조선은 의정부와 6조를 통해 국가가 운영되었어요. 의정부는 영의정, 좌의정, 우의정을 중심으로 국가의 주요한 일을 결정하는 자리예요. 왕을 보필하는 가장 높은 직급의 관료들이 모인 곳이죠. 오랫동안 국정 운영을 하면서 최고의 노하우를 가진 인물들이 이 자리에 올라서 국가를 운영했습니다. 영의정은 오늘날로 말하면 국무총리 같은 위치예요. 모든 신하들을 대표하는 상징적인 인물이라고 할 수 있죠. 실제로 의정부에서 주요한 사무를 처리하는 역할은 좌의정이 많이 했기 때문에 좌의정은 실세라고 할 수 있습니다. 6조의 수장은 판서예요. 이조판서, 병조판서 같은 직책을 들어 본 적 있나요? 이조판서는 신하들의 인사권을 관리하는 자리입니다. 주요 직책에 누구를 임명할지를 결정하고 일을 잘하는 신하에게는 승진을, 일을 못하는 신하에게는 벌을 주는 중요한 직책이었습니다. 병조판서는 오늘날 국방부 장관에 해당돼요. 나라를 지켜야 하고 무관들과 병장기를 관리하는 등 군사 작전에 있어 핵심적인 지위라고 할 수 있어요.

황희나 맹사성은 훌륭한 관료였어요. 세종과 신하들 사이에서 소통의 창구가 되어 주었죠. 세종이 지나치게 일을 많이 벌이려고 하면 설득하여 일을 조절했고, 신하들의 여러 의견을 섬세하게 받아들이면서도 지나친 것들을 제어하는 등 고위 관료로서 탁월한 역할을 감당했습니다.

최윤덕과 김종서의 4군 6진 개척 또한 중요한 업적입니다. 고려 시대부터 함경도 개척에 심혈을 기울였지만 성과가 없었거든요. 너무 춥고, 사람들이 살지 않고, 여진족의 저항이 거셌으니까요. 세종은 이 지역에 대한 군사 정벌을 실시합니다. 비로소 두만강과 압록강을 기준으로 한반도 전체가 조선의 영토로 자리 잡게 돼요. 최윤덕 같은 경우는 무장이었어요. 4군을 개척하는 데 결정적인 역할을 했죠.

조선은 고려와는 다르게 무과 시험이 있었습니다. 무신들도 과거를 통해 뽑았어요. 하지만 여전히 차별이 있었답니다. 유교 경전을 공부한 문관 관료를 우대했고 무신들을 낮추어 보았던 거죠. 하지만 세종은 최윤덕의 능력을 높이 샀고 최윤덕은 추후 좌의정의 자리에 오르는 등 뛰어난 활약을 펼쳤습니다.

김종서는 문관이에요. 함경도 호랑이로 알려졌을 만큼 함경도 개척에 있어서 중요한 역할을 했지만 무관은 아니었습니다. 당시 함경도는 이징옥이라는 장군이 관리를 하고 있었어요. 그런데 김종서를 파견한 거죠. 둘은 의기투합을 합니다. 이징옥은 군사를 잘 다루었고 김종서는 행정 능력이 탁월했기 때문에 서로 존중하면서 함께 함경도를 개척한 거예요. 여진족이 들어올 수 없게 하고 남쪽에서

최윤덕 장군과 4군 설치

조선은 압록강 상류 지역에 사는 여진족이 수시로 쳐들어왔기 때문에 골머리를 앓았어요. 세종 때 공조판서에 임명된 최윤덕 장군은 변방인 압록강 지역을 지킬 수 있도록 임명해 달라고 간청했지요. 최윤덕 장군이 평안도 지역(압록강 지역)을 수비하는 동안 여진족은 쳐들어오지 못했답니다. 최윤덕 장군이 잠시 후방으로 물러나 있는 동안 다시 여진족이 국경 지역의 백성들을 괴롭히자, 최윤덕 장군은 여진족을 쫓아내고 여연, 자성, 무창, 우예 등 4군을 설치합니다.

함경도 호랑이 김종서와 6진 개척

1433년 세종은 김종서를 함길도(오늘날의 함경북도와 함경남도)로 보내 북방 지역을 관리하도록 했습니다. 김종서는 두만강 부근의 여진족을 몰아내고 6진을 개척했어요. 6진이란 국경선을 지키는 데 꼭 필요한 요충지인 경원, 종성, 회령, 경흥, 온성, 부령을 가리켜요. 김종서는 문종이 죽은 뒤에 어린 임금인 단종을 보필하다가 왕위를 노린 수양대군(후에 세조가 됩니다)에 죽임을 당하고 말았답니다.

4군 6진의 위치

사람들을 데려와서 정착을 시킨 거죠. 최윤덕, 김종서 등의 꾸준한 노력 덕분에 결국 함경도를 실효적으로 지배할 수 있게 되었고, 현재까지도 이곳이 우리 땅으로 남아 있게 된 거랍니다. 김종서의 경우 《고려사》, 《고려사절요》 같은 역사책 편찬도 주도했습니다.

참 놀랍지 않아요? 세종 옆에는 사람들이 많았어요. 더구나 수많은 인재들이 자리를 탐하거나 권력을 추구한 것이 아니라 자신의 능력을 십분 발휘하면서 각 분야에서 큰 업적을 이루었죠. 천문학에 두각을 나타내면 과학 분야에서 업적을 쌓을 수 있었고, 군사

분야에서 뛰어나면 장군으로 출세할 수 있었습니다.

　이것이 세종대왕이 현재까지도 칭찬받는 이유예요. 세종은 업적을 추구했던 인물입니다. 자신에게 얼마나 아첨하는가가 중요한 게 아니라 얼마만큼 실력을 발휘하며 일을 잘 해내는가로 사람을 판단했던 거죠. 참으로 중요한 부분 같아요. 훌륭한 인물이 된다는 것은 뛰어난 리더가 된다는 것을 의미해요. 나 혼자 일을 잘하는 것만으로 업적을 이룰 수는 없죠. 함께 잘해야 하거든요. 세종은 다른 사람의 재능을 알아보고, 재능이 발휘되도록 이끌어 주는 데 있어서 탁월했던 인물이었죠. 비전을 제시하고, 적극적으로 소통하며, 갈등이 있으면 풀어 주고, 문제가 생기면 해결해 주고, 나서야 할 때 나서고, 뒷받침을 해 줘야 할 때 뒤로 물러나는 등 세종의 리더십은 참으로 배울 거리가 많답니다.

: 소외된 백성을 위한 문자, 한글 :

세종의 가장 뛰어난 업적은 아무래도 한글 창제일 거예요. 오늘날 우리가 쓰는 글을 이때 만들었으니까요. 말과 글은 달라요. 사람은 의사소통을 할 수 있는 능력을 가지고 태어나요. 말을 하는 데는 어려움이 없죠. 문제는 그러한 말을 글로 표현하는 부분이에요. 지구상에 수많은 민족이 있어 왔고 수많은 말이 있었지만 글은 그렇지 않거든요. 한문, 라틴어같이 말을 표현할 수 있는 문자는 많지 않았습니다. 우리나라의 경우에도 삼국시대 때부터 우리말이 있었어요. 하지만 우리글이 없었기 때문에 중국에서 발명한 한문을 사용할 수밖에 없었죠. 하지만 한계가 뚜렷했어요. 우선 한자는 뜻글자이기 때문에 배우는 데 어려움이 많았어요. 수천, 수만 개 한자를 일일이 외워야 했거든요. 머리가 좋은 학자들은 가능했지만 일반 백성들은 불가능했죠. 더구나 한자로 우리말을 모두 표현할 수 없었어요. 아버지, 어머니를 부모라고 써야만 했고 '이럴 수가', '뒤죽박죽' 같은 감정어나 '꿀꿀', '음메' 같은 의성어들은 표현할 방법이 없었답니다.

한글 창제는 이러한 문제를 해결하는 데 결정적 기여를 했습니다. 누구나 쉽게 배울 수 있는 글, 우리의 말과 우리의 감정을 쉽게 표현할 수 있는 글을 만들어 낸 거죠. 고려시대 때 요나라, 금나라, 원나라 등에서 먼저 문자를 만들었어요. 하지만 여러 부분에서 정밀하지 못했고 한문의 아류 같은 느낌이 강했죠. 한글은 여러 나라의 언어를 오랜 기간 동안 꼼꼼히 연구하면서 만들었습니다. 인도의 산스크리트어 같은 소리글도 참고했고 중국의 뛰어난 음운학자와 교류하기도 했습니다. 특별히 한글에서는 세종이 많은 역할을 했던 거 같아요. 《조선왕조실록》에 거의 유일하게 '친제했다.', 즉 직접 만들었다고 쓰여 있으니까요. 그렇다고 세종이 한문을 완전히 배격했던 것은 아니에요. 국가의 공식적인 문자는 여전히 한문이었죠. 한문으로 책을 쓰고, 관료들과 학자들은 한문을 사용했습니다. 하지만 한글 보급을 통해 여성이나 평범한 백성도 글을 알게 되었고, 이후 한문으로 쓴 책을 한글로 번역하여 보급하는 등 한문과 한글이 함께 사용되었답니다.

: 풍요로운 나라를 지향한 세종의 리더십 :

세종이 이렇듯 많은 업적을 이룰 수 있었던 이유는 어디에 있을까요? 우선 세종은 신중한 인물이었어요. 《조선왕조실록》을 보면 '상고하라.'라는 말이 많이 나옵니다. 상고하라는 것은 '다시 의논해 보자.'라는 뜻이에요. 일을 추진할 때 신중하게 판단하고 고심한 거죠. 여러 차례의 회의를 통해 많은 의견을 듣지만 결론은 조심스럽게 내렸던 거죠. 물론 일을 결정하고 추진할 때는 단호하게 진행했고요.

세종은 정말로 많은 일을 추진했던 인물이에요. 하지만 주관이 뚜렷했지요. 세종은 '공 세우기를 신중히 해야 한다.'라고 했어요. 태조와 태종을 거치면서 조선 전기에는 국가가 안정적이었거든요. 할아버지나 아버지 때처럼 해결해야 할 문제가 많지 않았고, 국가의 재산도 충분했죠. 그렇다고 일을 아무렇게나 마구 벌이면 국가 재산이 탕진되고 나라가 어려워지게 되잖아요? 세종은 이 점을 경계했답니다. 목표를 명확하게 하자는 거죠. 세종은 농업 생산력을 높여서 국가를 풍요롭게 하고 백성이 행복한 나라를 만들겠다는 목표에 집중합니다. 그래서인지 세종은 수많은 업적을 이루어 냈지만 지향점이 한결같아요. 모든 업적이 농업 발전에 집중되어 있거든요. 천문 기기를 통해 하늘의 이치를 알아내고, 농서 발간과 한글 보급을 통해 백성들에게 좋은 정보를 전달하는 한편 4군 6진을 개척하여 새로운 농토를 확보하는 등 정확한 방향을 통해 명쾌한 업적을 이룩했던 겁니다.

세종의 과학자 장영실의 발명품들

- 앙부일구(해시계)는 1434년 장영실이 만들었어요. 해의 그림자의 크기로 시간을 알 수 있었답니다.

- 자격루는 장영실이 만든 자동 물시계예요. 파수호에서 흘러내린 물이 수수호로 들어가 수수호 안에 있는 살대가 부력에 의해 떠오르면 지렛대와 쇠구슬에 전해지고, 쇠구슬이 떨어지면 나무로 된 인형이 종과 북·징을 쳐서 시보장치를 움직입니다. 두 시간에 한 번, 하루에 열두 번씩 시간을 알려주었답니다.

자유롭고 건강한 문화 대국의 면모

작지만 강하다는 건 무슨 뜻이에요?

: 무조건적인 섬김이 아닌 주체적인 수용 :

조선은 사대주의를 표방한 나라입니다. 황제국 명나라를 인정하고 스스로를 신하의 나라로 낮추었어요. 외교적으로만 그랬던 게 아닙니다. 정신적으로도 중국의 사상을 받아들였어요. 송나라 후기에 나온 성리학이 명나라 때가 되면 국가 공식 학문이 됩니다. 조선 역시 성리학을 기초로 국가를 운영했어요.

　하지만 중요한 사실이 있어요. 사대주의, 성리학 등 중국의 문화를 적극적으로 받아들였다고 해서 그것에 얽매이지는 않았다는 거예요. 사대주의를 표방한 것은 작은 나라가 생존하기 위한 외교 전략이었어요. 고려시대에 비해 북방민족이 위축되었고, 당시 동아시아는 명나라가 주도했거든요. 그러니 명나라와 잘 지내려면 사대주의를 할 수밖에 없었습니다. 성리학 또한 마찬가지예요. 중국의 사상이지만 우리에게 필요하기 때문에 받아들였던 거죠.

단지 이 정도였어요. 무조건 중국을 섬기고, 중국의 것은 모두 옳으며, 중국에서 배운 대로 해야만 한다는 고정관념에 빠지지 않았어요. 다른 생각을 하거나, 자유롭게 창조적인 시도를 하려는 것을 응원했어요. '주체적으로 중국의 문물을 수용하되 자유롭게 나라를 이끌어 간다.', '그래야 좋은 사회가 만들어질 수 있다.' 이것이 조선 전기의 분위기였답니다. 일종의 '자기주도적인 태도'를 가지고자 노력했던 거예요.

: 강한 나라의 기틀을 마련한 화포 제조 :

고려 말에 홍건적부터 여진족, 왜구까지 너무나 침탈이 심했잖아요? 우리나라 민담이나 설화를 보면 이러한 시대 상황이 많이 반영되어 있어요. 왜구가 공격해서 도망을 치다가 가족과 헤어지게 되고, 그러다가 붙잡혀서 죽은 다음 귀신이 된다는 이야기가 정말 흔하거든요. 이런 식의 이야기는 주로 조선 전기에 많이 만들어졌다고 해요. 고려 말의 고통스러운 침탈의 과정이 사람들에게 고스란히 남아 있었던 거죠.

여하간 이런 어려움을 겪었기 때문에 조선 전기에는 국방력에 대한 관심이 매우 높았답니다. 그리고 그러한 관심사가 화포 제작으로 발전했고요. 활쏘기의 명수였던 이성계는 화약 무기에는 별 관심이 없었다고 해요. 화포가 없어도 이길 수 있다고 생각했으니까요. 반면 태종은 화포 확보를 위해 적극적으로 노력했고 그 결과 화포의 수가 1만여 자루에 이르게 되었습니다. 하지만 화포 제조 기술은 여전히 미숙했어요. 천자포, 지자포, 현자포의 발사 거리가 400~500보(약 480~600m)에 불과했고 가자포, 세화포는 200보(약 240m)도 못 미쳤습니다. 화살의 한 종류인 편전이 300보(약 360m)까지 날아갔기 때문에 일부 신하들은 개발 과정에서 돈이 많이 드는 화포를 포기하고 궁수 위주의 편제를 강화하자고까지 주장했답니다.

하지만 태종의 뒤를 이은 세종은 더욱 적극적으로 화약 무기 개발을 주도합니다. 행궁 옆에 대장간을 마련하고 화포 사정거리를 개선하고자 노력했어요. 그 결과 세종 시대가 되면 모든 총통의 사정거리가 2배 이상 증가해요. 엄청난 과학적 진보를 이루어 낸 것이죠. 이때 하나의 총통으로 네 개의 화살을 동시에 발사하는 데 성공하기도 해요. 이 시기 화약 제조 기술도 빠르게 발전해서 좀 더 다양한 형태로 화약을 사용하게 돼요. 화약을 통해 한꺼번에 수십, 수백 발의 화살을 쏠 수 있는 대신기전, 산화신기전 등 신무기가 개발되었어요.

당시 개발한 화포는 영화에서 보는 것처럼 철 덩어리를 넣고 쏘는 건 아니고 주로 화살을 장전했답니다. 금속으로 만든 탄환을 넣

> **편제**
> 어떤 조직을 편성해서 체제를 조직하는 것을 말해요.

> **행궁**
> 임금이 나들이 때 머물던 별궁을 뜻해요.

> **사정거리**
> 탄알이나 포탄을 발사해서 도착하기까지의 거리를 말해요.

신기전과 신기전 화거(화차)

신기전은 화약을 달아 로켓처럼 날아가도록 만든 화살의 이름이에요. 화살을 화차에 장착해서 화약이 터지는 에너지로 멀리까지 날아가도록 만들었어요.

> **내구성**
> 물질이 변형되지 않고 오래도록 견디는 성질을 말해요.

으면 포가 부서지는 등 아직은 **내구성**이 약했기 때문입니다. 이런 성공에도 불구하고 사정거리나 정확도에서 화살이 뒤떨어지지 않았기 때문에 여전히 화포에 대해 부정적인 생각을 지녔던 이들도 많았습니다.

그래도 발명은 계속되었어요. 장군화통은 무려 1,300보(약 1.6km)까지 날아갔고 철 덩어리로 만든 탄환을 사용할 수 있었습니다. 세총통 같은 소형무기도 개발되었어요. 길이가 14cm로 작은데 30개까지 미리 **장전**해 두었다가 발사하는 놀라운 기능을 선보였습니다. 말 위에서도 쏠 수 있고 여자나 아이도 사용할 수 있는 좋은 무기였죠. 여러 반대에도 불구하고 화살보다 강력한 화포가 만들어지고, 휴대용 무기까지 만들어졌던 거예요.

> **장전**
> 총포에 탄알이나 화약을 넣어두는 것을 말해요.

세조 때에 이르면 한 번에 많은 양을 강력하게 쏠 수 있는 화포 개발로 이어집니다. 이때 만들어진 것이 화거입니다. 수레 위에 총통 50개를 장착하여 일종의 총알과 같은 세전을 한 번에 200개씩 발사할 수 있는 도구가 만들어진 겁니다. 무엇보다 중요한 것은 화포를 다량으로 설치할 수 있는 수레의 발명이었어요. 수레를 통해 발사 각도를 조절하고 발사기 구멍은 철판으로 제작해서 화재를 막는 등 또 한 번 기술적인 성취를 이룬 거죠.

이렇게 발명된 화포는 임진왜란 당시 맹활약을 합니다. 권율 장군이 행주산성에서 사용하여 큰 성과를 거두었거든요. 멀리서 화

혼일강리역대국도지도

포를 쏘아서 기선을 제압하며 조총에 버금가는 화력으로 적의 기세를 꺾어 버렸답니다. 조선 시대의 건강한 모습을 살펴볼 수 있는 또 하나의 작품이 있습니다. 태종 때 제작된 〈혼일강리역대국도지도〉입니다. 이름이 너무 길고 어려운데 현존하는 가장 오래된 세계 지도예요. 현재는 일본에 있습니다. 우선 제목이 중요해요. '혼일'이라는 말은 '섞여서 하나가 되다.'라는 뜻입니다. 지도를 보면 가운데 중국이 거대하게 그려져 있지만 오른편에 우리나라 또한 크게 그려져 있습니다. 중국 중심의 동아시아 세계를 인정하지만, 우리나라의 자주적이고 강력한 기상 또한 명확히 표현했어요. 무엇보다 놀라운 것은 지도에 일본부터 동남아시아, 아프리카, 유럽까지 세계 대부분의 지역이 그려져 있다는 거예요. 그리고 생각보다 지명이 구체적이고 상세하며 실제로 존재하는 곳을 적어 놓았습니다. 현재와 같은 정밀한 지도 제작 능력이 없었기 때문에 모양이 매우 이상하지만, 그럼에도 불구하고 방대한 지식이 담겨 있답니다.

왜 이런 지도가 그려졌을까요? 과거 몽골족이 세운 원나라의 영향 때문이에요. 몽골은 중국과 고려뿐 아니라 중앙아시아, 서아시아 심지어 동유럽까지 쳐들어갔잖아요? 아시아와 유럽을 아우르는 역사상 최대 규모의 제국을 세운 거예요. 그러다 보니 전 세계의 지리와 정보가 모두 원나라로 들어올 수밖에 없었습니다. 비록 원나라도 망하고 고려도 망했지만, 몽골인들이 경험했던 세계 지식이 조선 전기까지 전해졌던 거예요. 더구나 조선 전기에는 좋은 나라를 만들고자 하는 열정이 대단했고 사람들이 실용적이었거든요. 그러다 보니 몽골인들이 전해 준 지식, 이슬람 과학 기술 같은 것들을 수용하는 데 적극적이었습니다. 세종대왕 때 장영실 등이 이룬 수많은 과학적인 업적의 배경에도 이슬람 과학이 있었고요. **개방적**이고 **수용적**인 태도를 지녔기 때문에 조선 전기에 사회가 빠르게 발전했던 것이죠.

> **개방과 수용**
> 개방이란 공간을 열어 자유롭게 드나드는 것을 말하고, 수용이란 무언가를 받아들이는 태도를 말해요.

: 그림에 드러난 문화 대국의 면모 :

그리고 두 작품을 더 살펴보아야만 해요. 안견이 그린 〈몽유도원도〉와 강희안이 그린 〈고사관수도〉라는 작품입니다. 안견은 안평대군과 가까웠던 조선 전기의 대표적인 화가입니다. 세종에게는 여러 아들이 있었어요. 그중에 첫째는 문종, 둘째는 수양대군, 셋째는 안평대군입니다. 셋째 안평대군은 예술을 사랑했던 사람입니다. 붓글씨도 너무나 잘 썼기 때문에 조선 시대를 대표하는 문장가이자 서예가였습니다. 문화 예술에 조예가 깊은 수많은 사람들이 안평대군과 어울렸어요. 어느 날 안평대군이 꿈을 꾸었는데 기암괴석과 복숭아나무가 있는 묘한 정원을 거니는 꿈을 꾸었답니다. 꿈이 너무 생생하고 신비하여서 안견에게 얘기했죠. 그런데 안견이 이 얘기를 듣고 〈몽유도원도〉를 그린 거예요. 안평대군은 깜짝 놀랍니다. 꿈에서 본 것과 정말 비슷한 그림이 펼쳐졌으니까요. 꿈과 비슷하기도 했고 무엇보다 그림이 너무나 파격적이고 신비했어요. 기암괴석의 구도를 다양하게 잡아서 더욱 묘한 기분이 들게 만들었습니다. 안평대군만 좋아한 게 아니었어요. 당시 유명했던 관료들과 학자들이 모두 이 그림에 반했어요. 그래서 그림 옆에 종이를 붙여서 그림에 대한 감상을 남기기도 했습니다. 꿈을 말로 전달하고, 화가는 이를 그림으로 그리고, 수많은 사람들이 그림을 감상하면서 감상을 시와 글로 남기는 문화. 좀 멋지지 않나요?

강희안은 안견과는 다르게 전문 화가는 아니었습니다. 하지만 그림을 잘 그렸죠. 〈고사관수도〉는 아름다운 정권에서 단단한 바위

몽유도원도

몽유도원도란 '꿈속에서 놀았던 도원을 그린 그림'이라는 뜻으로 도원은 복숭아꽃이 핀 정원을 말해요.

고사관수도

신사임당의 <초충도>

신사임당이 그린 초충도는 섬세한 선과 선명한 색채, 안정된 구도로 수박, 생쥐와 나비 등을 표현한 훌륭한 작품이에요.

에 의지한 채 사색하는 선비의 모습을 그린 거랍니다. 자연과 함께 하며 깊이 생각하고 성찰하는 선비의 모습을 예술적으로 표현했어요. 먹물을 걸쭉하게 담아서 붓으로 강하게 내리찍으며 나무와 바위를 생동감 있게 그리기도 하고 한편에서는 먹을 살짝 묻혀서 가늘게 선을 그려내는 등 정원의 모습을 잘 표현하지 않았나요? 먹과 붓을 능란하게 활용하되 사물을 사진처럼 똑같이 보여 주기보다는 감각적으로 느끼게 해 주는 뛰어난 화법을 선보였답니다. 선비란 자연을 벗하며 항상 깊이 생각하고 살아야 한다는 모습을 단적으로 그려낸 장면이지요.

조선 중기로 가면 신사임당이 등장합니다. 〈초충도〉, 〈포도도〉 등 다수의 작품을 남겼어요. 율곡 이이의 어머니로도 유명하지만 그 전에 조선을 대표하는 문인이자 화가였습니다. 일상생활에 대한 관찰력이 뛰어났고 이를 치밀하게 묘사하는 데 타의 추종을 불허했어요. 수박, 여치, 맨드라미, 가지, 나비 등 마당에서 피어나는 자연스러운 일상의 모습을 탁월하게 잡아내서 그림으로 표현했습니다. 앞에서 본 〈몽유도원도〉나 〈고사관수도〉하고는 큰 차이가 있죠? 결국 화가의 눈이 중요한 것 같아요. 남들이 보지 못하는 것을 보면서 남들과는 다른 이야기를 만들어 내었으니까요.

수양대군이 일으킨 파란, 계유정난

권력을 잡기 위해서 규칙을 깨는 일이 옳은 걸까요?

: 규칙은 사회의 질서를 유지해요 :

규칙이라는 말이 있잖아요? "규칙을 지켜야지!", "규칙을 어겼어!"라는 말을 우리는 아주 어릴 때부터 듣지요. 꼭 규칙이라는 말을 쓰지 않더라도 우리는 수많은 약속을 하고 살아가요. 몇 시까지 학교에 등교해야만 하고, 숙제를 꼭 해야 하고, 때가 되면 시험도 봐야 하죠. 학교 회장이나 반장을 뽑을 때는 투표를 합니다. 후보를 선정하고, 후보들은 자신이 왜 반을 이끌어야 하는지를 설명하죠. 이를 듣고 난 친구들이 회장이나 반장을 뽑아요. 이렇게 뽑힌 학급 임원들은 정해진 기간 동안 선생님을 도와서 반을 이끌어요.

선생님들도 규칙에 따라서 생활하고 있어요. 수업을 성실하게 진행해야만 하고 학생들을 잘 지도해야만 합니다. 누구나 선생님이 되는 건 아니에요. 사범대학이나 교육대학에 들어가서 정규 교육 과정을 마친 후에 임용고시 같은 어려운 시험을 통과해야만 합니다. 교육실습생 생활도 해야 하는데 이런 모든 과정을 마치고 나면 교사가 돼서 여러분을 가르칠 수 있는 자격을 얻게 됩니다.

우리가 살아가는 사회는 수많은 약속과 규칙으로 이루어져 있습니다. 만약 약속과 규칙을 안 지킨다면 문제가 생길 수밖에 없겠죠. 조선 시대 또한 마찬가지였답니다.

: 나라의 규칙을 깨는 사람도 있어요 :

세종이 죽은 후 첫째 아들이 뒤를 이었으니 그가 문종입니다. 조선은 왕조 사회잖아요? 첫째 아들에게 왕위를 물려주는 것을 가장 좋게 보던 시대였어요. 하지만 실제로는 세종 때까지 그렇지 못했어요. 태종 이방원도 다섯 번째 아들이었고 세종도 셋째 아들이었죠. 비로소 문종이 장남으로서는 처음으로 왕이 되었습니다. 그런데 문제가 생겼어요. 문종이 평소에 몸이 안 좋았거든요. 오랜 기간 세자 생활을 하면서 아버지 밑에서 다양한 훈련을 받았고 아버지 못지않게 뛰어났다는 평가를 받았던 인물이었습니다. 하지만 왕이 되고 2년 후에 죽고 맙니다.

다행히 문종에게 아들이 있었어요. 그가 단종이에요. 아직 10대 초반의 어린아이이긴 했지만 할아버지와 아버지를 닮아서 영특하기 짝이 없었죠. 더구나 세종 때의 뛰어난 신하들이 조정에 포진해서 단종을 돕고 있었어요. 대표적인 인물이 김종서였습니다. 함경도 6진을 개척해서 백두산 호랑이라고 불리기도 했는데 문무를 겸비한 탁월한 인물이었습니다. 그밖에도 성삼문, 정인지, 신숙주 등 세종 때 집현전 학사들 또한 고위 관료로 성장했기 때문에 국가는 안정적으로 운영되고 있었습니다. 문종이 좀 더 오래 살면서 통치를 이어가고 단종이 스무 살이 넘는 성인이 되었다면 더할 나위 없이 좋았겠지만 그래도 김종서를 중심으로 단종을 모시면서 차분하게 국정을 운영하고 있었어요.

> **조정**
> 임금이 신하들과 나라의 정치를 의논하고 집행했던 곳을 말해요.

하지만 세종의 둘째 아들이자, 문종의 동생이었던 수양대군이 문제를 일으킵니다. 조카인 단종을 몰아내고 왕이 되고 싶었던 거예요. 조정에 있던 대부분의 신하들이 단종을 보필하면서 국가를 잘 이끌고 있음에도 불구하고 욕심을 포기하지 못한 거죠. 수양대군은 반역을 일으킬 사람들을 모읍니다. 그중에 한명회라는 인물이 있었어요. 한명회는 수차례 과거 시험을 봤지만 떨어졌던 인물입니다. 하지만 머리가 좋고, 음모를 잘 짜며, 나쁜 짓을 도모하는 데는 기가 막혔어요. 한명회는 사람을 부려서 김종서와 안평대군 같은 이들을 감시하고 살피면서 정보를 모았어요. 그리고 수양대군을 세우려는 음모를 꾸미고 사람을 모았답니다.

어느 날 야심한 밤에 수양대군이 직접 김종서를 찾아갑니다. 전한 말이 있다면서 김종서를 불러내죠. 수양대군이 품에서 **서찰**

> **서찰**
> 오늘날의 편지를 뜻해요.

> **거사**
> 큰일을 일으킨다는 뜻으로 여기서는 반역을 뜻해요.

을 꺼내서 건네주자 김종서는 달빛에 비추어 내용을 읽었어요. 이때 수양대군의 수행원이던 임어을운이 품에 숨겨둔 철퇴를 꺼내서 김종서를 때립니다. 거사가 시작된 거예요. 수양대군 일파가 김종서를 죽이고 그의 집안을 파괴하고 있을 때 한명회는 거짓 명령을 내려서 신하들을 궁궐로 불러들입니다. 무슨 일이 있나 하고 급하게 궁궐에 들어오는 신하들 중에서 단종에 대한 충성심이 높고 김종서와 함께 열심히 국정을 운영하던 인물은 따로 불러서 현장에서 죽였습니다. 끔찍한 살육전이 일어난 거예요. 이 사건을 계유정난이라고 합니다.

: 충절을 다한 사육신과 생육신 :

> **명분**
> 각각의 이름이나 신분에 따라 마땅히 지켜야 할 도리를 말해요.

계유정난을 통해 수양대군은 실권을 장악해요. 그리고 몇 년 후 여러 가지 명분을 만든 다음 조카를 몰아내고 스스로 왕이 됩니다. 이때도 반발이 있었어요. 성삼문을 중심으로 세종 때 집현전 학사로 활약하던 관료들이 저항을 한 거예요. 성삼문 등은 음모를 꾸며 수양대군을 암살하려고 합니다. 하지만 안타깝게도 암살은 실패하고 음모가 들통이 나면서 체포돼요. 성삼문은 모진 고문을 당하면서도 끝내 신음 소리 한 번 안내면서 수양대군을 꾸짖다가 죽습니다. 성삼문을 비롯하여 박팽년, 하위지, 이개, 유성원, 유응부 등이 모두 죽었어요. 죽음으로 단종을 지키고자 했던 이들의 충절을 기려 '사육신'이라고 부릅니다.

　김시습 등 '생육신'이라고 불리는 인물들도 있어요. 이들은 당시 관료가 아니었지만 수양대군의 전횡을 몹시 비판적으로 생각했습니다. 왕조 사회에서 왕이 될 수 없는 인물이 억지로 왕이 되려고 한 거잖아요? 더구나 형의 아들을 몰아내고 왕이 되었으니 도덕적으로 크게 잘못된 행동이었고요. 조선은 유교 국가잖아요? 부모에게 효도하고, 형제간에 우애롭게 지내는 게 가장 중요한 덕목인데 수양대군은 이를 정면으로 부정했어요. 그리고 끝내 왕이 됩니다. 그가 세조예요.

　수양대군의 이런 행동은 유교 국가의 정통성을 뒤흔드는 사건이었답니다. 김시습 등은 이에 몹시 분개했고 평생을 관직에 나서지 않았습니다. 성삼문 등이 죽음으로 단종에 대한 의리를 지켰다면 김시습 등은 평생을 통해 세조의 통치를 거부했던 거예요. 김시습은 어릴 때부터 영특하기로 소문나 그의 박식함과 학문의 깊이가 전국으로 알려졌던 인물입니다. 하지만 끝내 관직에 나서지 않았고 전국을 방랑하면서 살았습니다. 김시습은《금오신화》라는 우리나라 최초의 소설을 쓰기도 했지요.

　단종은 강원도 영월로 유배를 가서 그곳에서 사약을 받고 죽습니다. 참으로 안타까운 사건이에요. 문종이 몇 년만 더 살았더라면 충분히 왕이 될 수 있었으니까요. 더구나 문종도 그렇고 단종도 그렇고 워낙 똑똑하고 뛰어난 인물들이었는데 재주를 제대로 펼치지 못하고 세상을 떠나게 되었으니 얼마나 애석한 일인가요.

ː 조선의 정치를 뒤흔든 **파벌**의 시작 ː

> **파벌**
> 각자의 이익에 따라 갈라진 사람의 집단을 말해요.

> **정통성**
> 권력 지배를 허용하게 하는 근거를 뜻해요.

왕이 된 수양대군, 그러니까 세조는 나름대로 통치에 열심이었답니다. 세조는 세종과 함께 한글 창제를 이끌어내는 등 수양대군 시절부터 영특했던 인물입니다. 세금 제도를 개혁하고 무난하게 국정을 운영했어요. 하지만 정통성이 없는 국왕의 한계는 뚜렷했지요.

우선 그는 집현전과 경연을 폐지합니다. 성삼문을 비롯하여 세종 때 집현전 학사 중 상당수가 세조에 반대했잖아요? 자신의 왕권 강화를 위해 세종 때 문화 통치를 펼친 핵심 기구를 허망하게 없애 버린 겁니다. 경연은 왕이 신하들과 유교 경전을 공부하는 것을 말해요. 조선의 왕은 정말 철저하게 교육을 받았어요. 훌륭한 국왕을 세워서 좋은 정치를 이룬다는 것이 조선의 이상이었잖아요? 그러기 위해서는 국왕부터 체계적으로 공부하고 학문에 통달해야 한다고 보았답니다. 세종 같은 경우가 대표적인 인물입니다. 열심히 공부하고, 열심히 국가를 통치했으니까요. 배우고, 배움으로 창의적인 생각을 하고, 그러한 생각을 바탕으로 국가를 보다 나은 방향으로 이끌고자 했지요.

하지만 세조는 경연을 없애고 맙니다. 앞서 이야기했듯 경연은 유교 경전으로 공부를 하는 건데, 유교가 강조하는 게 효도, 우애 같은 것들이잖아요? 조카를 몰아내고 왕이 된 세조 입장에서 이런 공부를 이어 가는 게 부담이 클 수밖에 없었죠.

무엇보다 문제가 된 건 한명회 같은 인물들이었어요. 그들은 세조를 도와 반역을 일으켜 권력을 잡았지요. 특히 한명회는 병조판서, 우의정, 좌의정, 영의정을 모두 역임하는 등 세조의 신임을 받으면서 온갖 권세를 다 누렸답니다. 하지만 그는 자격이 없는 인물이었어요. 과거 시험에 합격한 적이 없었거든요. 그럼에도 불구하고 온갖 영화와 권세는 모두 누리며 살았습니다. 이때부터 조선의 정치는 흔들리기 시작해요. 세종 때처럼 업적을 이루면서 존경받는 관료가 아니라, 권력을 얻어서 개인적인 부귀영화를 누리려는 사람들이 대거 등장했으니까요. 파벌을 만들어서 경쟁자들을 제거하고 백성을 위한 정치를 펼치기보단 말 그대로 **위세를 부리기** 위한 정치가 시작된 거예요.

> **위세를 부리다**
> 지위와 권세를 마음껏 사용하는 것을 말해요.

폐해가 심각했어요. 한명회는 세조가 죽은 후 얼마 후에 죽지만, 유자광, 임사홍, 김안로, 이량 등 이후에도 한명회와 비슷한 인물들이 계속 등장해서 조선을 혼란에 빠뜨립니다. 이들 역시 음모를 꾸미고, 열심히 일하는 정직한 관료들을 몰아내면서 권력을 장악하고, 그렇게 얻은 힘을 바탕으로 온갖 부귀영화를 누리고자 했거든요. 누군가의 잘못된 욕망이 국가 운영에 심각한 문제를 일으켰고 나쁜 선례를 만든 겁니다.

집현전 학사 중에는 신숙주라는 인물이 있었어요. 성삼문 등과 더불어 세종의 총애를 받으며 뛰어난 역량을 발휘했던 인물입니다. 그는 세조 편에 서요. 세조와 함께 명나라를 다녀오면서 가까워졌고, 세조 집권 기간 동안 한명회 못지않은 권력을 누립니다. 한명회가 전략을 짜고 음모를 꾸미는데 전문이었다면, 신숙주는 유능한 관료였어요. 세조 집권 기간 동안 나라를 안정적으로 이끌고 군대를 지휘해서 여진족의 침공을 직접 막기도 했습니다. 특히《해동제국기》라는 책을 남기기도 했는데요. 여기서 그는 '일본의 위험성'을 경고합니다. 왜구가 아닌 일본이라는 나라의 성장에 주목했던 겁니다. 이렇듯 현명한 능력으로 세조의 통치를 도왔던 인물이지만, 민중에게 사랑받지는 못했던 것 같습니다. 숙주나물이라고 콩나물하고 비슷하게 생긴 나물을 아나요? 차례 상에도 올라가는 유명한 음식인데 야사에 따르면 숙주나물의 '숙주'가 신숙주의 이름을 딴 것이라고 합니다. 숙주나물이 맛있긴 한데 삶으면 금세 생기를 잃고 흐물흐물해지거든요. 똑똑하긴 하지만 지조가 없었던 신숙주를 비판하면서 생긴 말이라고 해요.

> **지조와 절개**
> 원칙과 신념을 굽히지 않고 지켜 나가는 의지를 지조라고 하고 지조를 지키는 꿋꿋한 태도를 절개라고 해요.

세조와 한명회 그리고 신숙주를 보면 많은 생각이 들어요. 여러분은 어떤가요? 권력을 잡기 위해서는 무슨 짓이든 해도 될까요? **지조와 절개**는 없지만 유능함으로 자신에게 주어진 일에 최선을 다한 신숙주 같은 이들은 어떻게 평가해야 할까요? 역사가 던지는 질문은 끝이 없답니다.

성종 시대, 조선왕조가 완성된 시간

왜 법이 꼭 필요한 거예요?

: 법에 따라 운영하는 성숙한 사회 :

대한민국은 헌법을 기반으로 운영되는 나라입니다. 국민이 뽑은 국회의원이 헌법을 만들고, 국회의원 세 명 중 두 명이 찬성하면 국민투표가 실시됩니다. 국민들이 동의하면 헌법이 만들어져요. 법률이라는 것도 있는데 이 또한 국민이 뽑은 국회의원이 만듭니다. 10명 이상의 동의를 받은 법안이 상임위원회와 본회의를 통과하면 법률이 돼요. 법률은 헌법을 위배할 수 없습니다. 헌법이 가장 기초적인 법이기 때문에 헌법 안에서만 법률을 만들 수 있는 거죠. 이 밖에도 대통령이 제안하는 행정명령,

> **위배**
> 법률이나 명령을 지키지 않는 것을 말해요.

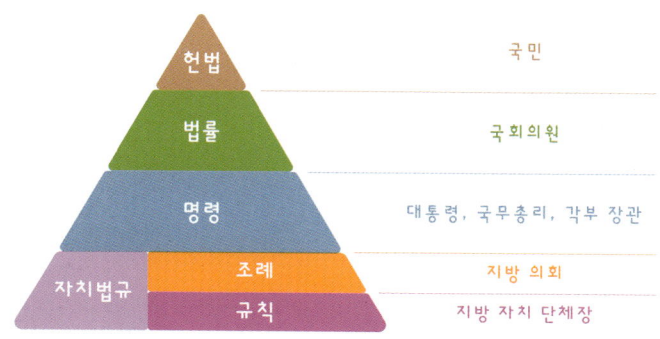

대한민국의 법체계

대한민국 헌법의 1조 1항은 "대한민국은 민주공화국이다."이고 1조 2항은 "대한민국의 주권은 국민에게 있고, 모든 권력은 국민으로부터 나온다."라고 되어 있어요. 입법부, 사법부, 행정부가 모두 국민으로부터 받은 권력을 제한적으로 행사하는 것이기 때문에, 헌법을 만들고 개정하는 궁극적인 주체는 바로 국민이랍니다.

지방자치의회에서 만드는 조례 같은 것들도 있습니다. 만약에 법률이 문제가 있을 경우에는 헌법재판소를 통해서 심사를 받아요. 그리고 헌법을 위반했다는 판결을 받으면 그 법은 폐지됩니다.

법관들은 엄숙한 법복을 입고 재판을 진행하잖아요? 법률 용어도 매우 어렵고요. 하지만 법이 있기 때문에 국가가 체계적으로 운영될 수 있어요. 만약 도로교통법이 없다면 사람들은 빨간불에도 건너고, 차들은 중앙선을 무시할 수도 있겠죠. 하지만 도로교통법에서 제한속도를 두고, 중앙선을 만들고, 신호등 규칙도 정하니까 수많은 사람과 자동차들이 안전하게 도로를 다닐 수 있는 거랍니다. 훌륭한 법을 세우고 법에 따라 국가를 운영한다는 것은 그만큼 사회가 성숙했다는 것을 의미합니다.

: 업적에 따라 달라지는 왕의 이름 :

세조의 뒤를 이은 인물은 성종입니다. 고려시대 때도 성종이 있었잖아요? 태조, 태종, 세종, 세조, 성종은 우리나라뿐 아니라 중국에서도 왕조가 세워질 때 자주 사용되는 이름이에요. 예를 들면, 당 태종 이세민, 송태조 조광윤, 원세조 쿠빌라이칸, 명태조 주원장 하는 식으로 왕조마다 자주 사용되는 명칭이에요. 태조는 나라를 세운 초대 국왕에게 붙여지는 명칭입니다. 조선을 세운 태조 이성계, 고려를 세운 태조 왕건 등이 대표적이죠. 태종은 태조의 뒤를 이어 왕조를 더욱 굳건하게 다진 왕을 의미해요. 조선의 태종 이방원, 신라의 태종 무열왕 김춘추가 유명해요. 느낌이 어울리죠? 세종, 세조, 성종은 왕조를 융성하게 만든 왕들입니다. 그중에서도 성종은 왕조를 완성시킨 왕을 의미해요. 나라가 세워지고 수십 년이 지나면 기틀이 잡히고 사회가 안정되면서 융성기에 접어드는데 이 역할을 훌륭히 해낸 임금들을 성종이라고 해요. 고려시대 때도 성종이 있었잖아요? 전국의 행정 구역을 정비하고 통치 체제를 안정적으로 운영하면서 거란족의 침략을 막아냈던 인물입니다. 조선 시대 성종도 마찬가지예요. 이성계부터 세종까지 조선은 여러 정치적인 스캔들이 있었음에도 불구하고 꾸준히 발전해 왔어요. 왕자의 난이나 계유정난 같은 사건은 왕자들끼리의 싸움 혹은 지배층끼리의 싸움이었지, 내란이나 민란 같은 사건은 아니라 백성에게까지 영향이 미치진 않았답니다.

: 도서 편찬으로 국가의 근간과 생활문화 전반을 **집대성** :

> **집대성**
> 여러 가지를 모아 하나의 체계로 완성하는 것을 말해요.

성종은 세조가 시도한 업적을 완성하고 세조가 일으킨 문제점을 해결하는 데 주력합니다. 우선 《경국대전》을 완성해요. 《경국대전》은 조선의 법전이에요. 정도전이 《조선경국전》을 편찬한 이래 여러 학자들이 법전을 편찬하였는데 특히 세종 때 법전 편찬이 광범위하게 진행되었어요. 국가를 운영하려면 법이 필요하고, 법이 치밀하고 포괄적이며 체계적일수록 국가가 운영이 잘 되거든요. 이러한 노력이 세조 때가 되면 더욱 강화됩니다. 국가 전반을 운영할 수 있는 확고한 법체계를 만들자는 것이 목표였어요. 대부분의 작업은 세조 때 완성되는데 성종 때 추가로 보완하여 《경국대전》을 완성합니다. 법치국가 조선이 탄생한 겁니다.

오늘날에야 어느 나라든지 법이 있지만 당시에는 그렇지 않았어요. 법으로 국가를 다스리고, 관료들을 시험을 통해 선발하여, 왕과 관료가 회의를 하면서 체계적으로 나라를 운영하는 곳은 중국과 조선 정도였으니까요. 더구나 민본주의, 왕도정치 같은 개념도 당시 지구상에 있는 여타의 나라들과 비교한다면 매우 진보적이고 개혁적인 생각이었거든요. 이슬람 제국같이 군사력이 강하거나 경제적으로 풍요로운 나라들은 간혹 있었지만 이렇게 체계적으로 나라를 운영한 곳은 많지 않았답니다.

이 밖에도 여러 책들이 편찬되는데 모두 조선 초기부터 노력해 오던 것들이에요. 《국조오례의》, 《동국여지승람》, 《악학궤범》 같은 책들이 대표적입니다. 《국조오례의》는 국가를 운영하는 예법서예요. 왕의 즉위식은 어떻게 해야 하는지, 왕이 죽으면 어떤 절차를 거쳐야 하는지, 때에 따라 왕과 신하는 어떤 옷을 입고, 어떻게 제사를 지내야 하는지 등에 관하여 체계적으로 정리한 책이랍니다. 당시에는 예법이 매우 중요했어요. 제사 지내는 법, 옷을 입는 법, 왕과 신하가 대화하는 법 등 일상생활의 모든 것이 예법으로 통제가 되었거든요. 따져 보면 지금도 비슷한 부분이 많아요. 대통령이 신년 담화를 한다든지, 광복절 축사를 한다든지, 해외 순방 전에 비행기를 타면서 인사를 한다든지, 외국 정상이 방문했을 때 레드 카펫을 깔고 의장대가 나와서 맞이한다든지 하는 국가의 주요 행사들이 모두 정해진 절차에 따라 진행되거든요. 《국조오례의》는 이런 것들을 종합적으로 정리한 책이라고 보면 됩니다.

《동국여지승람》은 역사지리서예요. 전국 방방곡곡의 정보를 집대성한 책이랍니다. 국가를 통치하려면 정보가 있어야 하잖아요? 어디에 강이 흐르고, 어디에 큰 산이 있고, 어느 고을에 어떤 특산물이 유명하고, 어떤 지역에서는 어업이 발전했다는 등의 내용을 모두 알아야 통치하기 수월합니다. 이런 것들을 모두 알려면 수많은 정보를 모아서 정리해야겠죠. 우리가 오늘날 필요한 정보를 얻으려고 하면 네이버나 유튜브 같은 곳에서 검색을 하잖아요? 검색이 가

―― 종묘제례악 연주 모습 ――

종묘제례악은 종묘제례와 더불어 유네스코 '인류구전 및 무형유산 걸작'에 선정된 귀중한 문화유산입니다.

능한 이유는 구글이나 다음 같은 여러 사이트에서 수많은 데이터를 수집하고 분류해놓기 때문이에요. 《동국여지승람》이 당시에 그런 역할을 했다고 보면 됩니다.

조선은 고려보다 치밀하게 지방을 관리했어요. 고려의 경우 전국에 지방관을 파견하지 못했거든요. 지방을 장악하고 있는 호족의 힘이 세기도 했고, 전국 모든 곳에 관료를 파견할 정도로 국가가 강한 힘을 가지지도 못했어요. 하지만 조선은 그렇지 않았죠. 전국의 모든

> **지방관**
> 지방에 파견되어 지역을 다스리는 벼슬을 말해요. 오늘날의 도지사와 같아요.

군현에 관료가 파견됩니다. 방방곡곡의 마을마다 사또라고 불리는 수령이 파견되어서 지역을 통치했습니다. 이러한 지방 통치를 수월하게 하려면 역사지리서가 필수랍니다.

> **군현**
> 지방의 도시나 마을을 군과 현으로 이름 붙인 단위를 말해요.

《악학궤범》은 음악책입니다. 조선은 음악을 중요시한 나라예요. 혹시 '종묘제례악'이라고 들어 보았나요? 관복을 입은 이들이 온갖 악기를 가지고 나와서 연주하는 음악이에요. 원래는 종묘에서 연주를 하는데 지금은 국립국악원 같은 데서도 쉽게 접할 수 있답니다. 분위기가 장중하고 화려하지만 오늘날의 우리가 듣기에는 음률의 느낌이 다르고 템포가 느리기 때문에 지루하게 느껴지기도 합니다. 정도전과 세종 등은 음악책을 편찬하는 데 많은 노력을 기울였어요. 바른 음악은 사람을 훌륭하게 만든다는 믿음이 있었거든요. 요즘에도 클래식을 틀어놓고 태교를 한다든지, 농사를 짓거나 소를 기르면서 좋은 음악을 들려주는 경우가 있잖아요? 조선에 적합한 음률을 찾아내고, 정확한 음을 이루는 악기를 만드는 등 오랜 노력 끝에 만들어진 책이《악학궤범》입니다.

: 훈구파에 대항하던 성종의 묘책, 사림파 :

성종은 홍문관을 설치하고 경연을 부활시킵니다. 세조가 집현전을 없애고 경연을 폐지했잖아요? 성종은 집현전을 대신해서 홍문관을 만들어요. 젊은 신하들의 적극적인 활동을 지원하는 한편 왕의

> **자문 기구**
> 어떤 일을 바르게 처리하기 위해 만든 전문가들의 모임이에요.

자문 기구로 활용하기 위해 만든 기관입니다. 성종은 학문을 중요시했던 군주입니다. 학문을 연마하고 신하들과 정책을 토론하는 과정이 국가 운영에서 가장 중요하다고 본 거예요. 이러한 노력을 통해 세조가 일으킨 문제를 상당 부분 고칠 수 있었어요.

앞서 세조가 한명회 등의 도움을 받고 왕이 되는 과정에서 그들의 권력이 강해졌다고 했지요. 세조도 어쩔 수가 없었어요. 오히려 세조는 한명회를 비롯하여 수많은 공신들에게 여러 혜택을 주며 그들에게 힘을 실어 주었답니다. 이들을 '훈구파'라고 불렀어요. 이게 크게 문제가 돼요. 모든 권력이 이들에게 집중되니까 국가 운영이 제대로 되지 못했던 거죠. 똑똑한 신하가 좋은 정책을 여럿 제안해도 권력을 장악한 훈구파들이 거절하면 그만이었으니까요.

> **견제**
> 상대가 지나치게 세력을 떨치지 못하도록 억누르는 일을 말해요.
>
> **등용**
> 인재를 뽑아서 쓰는 것을 말해요.
>
> **숙청**
> 어지러운 상태를 바로잡는 것을 뜻해요.

성종이 즉위한 후에도 훈구파의 권력은 막강했습니다. 왕도 함부로 다룰 수 없을 정도였으니까요. 이들을 견제할 새로운 세력이 필요했던 성종은 '사림파'를 양성합니다. 지방에 머물고 있는 개혁적이고 참신한 유학자들을 등용해서 이들에게 힘을 실어 주면서 훈구파를 견제하려고 한 겁니다. 성종은 무리한 행동을 하지 않았어요. 단번에 훈구파를 숙청하거나, 독단적으로 권력을 운영하면서 신하를 함부로 대하지 않았지요. 타협을 중요시했고 상당 부분 신하들의 요구를 수용하고 받아들였습니다. 하지만 사림파를 육성해서 훈구파를 견제하는 데 성공하였고, 이후 사림파는 조선의 정치를 주도해 나갔답니다.

성종 시대를 통해 조선의 국가 시스템은 체계적으로 자리가 잡힙니다. 왕과 신하들은 《경국대전》이라는 법에 의지해서 국가를 운영합니다. 의정부에는 영의정, 좌의정, 우의정이 있고, 6조에는 판서들이 있어서 이들이 국가의 주요 정책을 결정하였습니다. 하지만 성종은 나이가 많고 관록 있는 고위 관료를 견제하기 위해서 '삼사'라고 불렸던 기관, 즉 사헌부, 사간원, 홍문관에 힘을 실어 줍니다. 이 기구는 주로 젊은 관료들이 자리를 잡았는데 국정 전반에 다양한 의견을 개진할 수 있었습니다. 왕이 제안한 정책에 대해 마음껏 이야기할 수 있었고 고위 관료들에 대해서도 마음껏 비판할 수 있었어요. 일종의 언론기관과 같은 역할을 했다고 보면 좋을 것 같아요. 지금도 수많은 신문이 다양한 정보를 전달해 주잖아요? 언론은 대통령과 국회의원을 비롯하여 국가 기관의 여러 업무에 대해 설명해 주고, 비판도 하고, 부정과 비리가 있으면 고발도 하는 등 여론 형성에 가장 중요한 역할을 합니다. 성종은 당대의 언론기관 같았던 이들의 말에 귀를 기울였어요. 젊은 관료들이 자유롭게 국가 운영에 소신을 밝히고 권력이 강한 고위 관료를 비판하는 데 든든한 지지자가 되어 주었죠. 모든 면에서 조선왕조가 성숙해지던 시간이었습니다.

폐비 윤씨와 연산군

못된 사람이 왕위에 오르면 어떻게 되나요?

: 평생 관계 속에서 살아가는 인간 :

속상한 이야기지만 종종 누군가와 사이가 안 좋아지는 경우가 있어요. 가족과 그러는 경우도 있지만 특히 친구들 사이에서 빈번하게 일어나는 일이죠. 말을 함부로 하거나, 싫어하는 행동을 하거나, 나쁜 짓을 하는 등 여러 가지 이유로 친했던 사이가 벌어지고 멀리서 얼굴만 보더라도 싫어지는 지경에 이르러요. 심지어 선생님과도 그런 경우가 있죠. 지나치게 엄격하거나 편애를 한다거나 등 이유는 여러 가지입니다. 사람은 관계 속에 존재해요. 부모님과의 관계, 선생님과의 관계, 친구들과의 관계, 가족 관계, 사회관계 등 사람은 평생을 관계를 맺으면서 살아간답니다. 세상에 태어난 이상 관계를 피할 수는 없어요. 사회에서 고립되거나 극도로 외로워지는 등 정상적인 삶을 살 수가 없게 되거든요.

누군가와 멀어진 게 그 사람의 실수 때문일 수도 있지만, 문제가 자기 자신에게 있을 수도 있어요. 지나치게 질투심이 많거나, 감정을 조절하지 못해서 자주 흥분하거나, 매사에 다른 사람 탓으로 돌리거나, 의지가 약하거나 혹은 너무 자기주장이 강해서 다른 사람들과 잘 어울리지 못하는 등 원인 또한 다양하답니다. 스스로를 잘 조절하고, 타인과 원만하게 지내며, 좋은 관계를 유지하는 것은 행복한 삶의 비결이라고 할 수 있죠.

: 성종과 윤씨, 왕과 왕비의 불화 :

성종은 신하들과 원만하게 소통하며 국가를 잘 이끈 왕입니다. 하지만 가정에서는 문제가 많았어요. 아내 윤씨와 사이가 좋지 못했거든요. 그냥 사이가 나쁜 정도가 아니었어요. 성종의 아내 윤씨는 성종의 어머니 인수대비를 비롯하여 왕실의 어른들을 잘 모시면서 사랑을 받았어요. 평소에 행동거지가 훌륭하고 겸손하며 매사에 바른 행동을 했기 때문입니다. 하지만 중전이 된 후 갈등이 시작됐죠. 우선 시어머니였던 인수대비와 사이가 나빠집니다. 어느 순간부터 시어머니를 비롯하여 왕실의 다른 여인들을 우습게 보기 시작했고 교만하고 무례하게 행동했던 것 같아요. 이 때문에 인수대비와 윤씨의 사이가 매우 안 좋았답니다.

그리고 성종과 윤씨의 사이도 점점 나빠져요. 성종은 어머니 인수대비를 각별히 모신 효자였거든요. 어머니가 며느리를 싫어하게 되니까 성종도 차츰 윤씨를 싫어하게 되었어요. 그리고 성종은 여러 후궁을 거느렸습니다.

조선은 오늘날과는 다르게 남자가 신분이 높거나 경제적 여유가 있으면 아내를 여럿 거느릴 수 있었어요. 오늘날에는 자유롭게 만난 남녀가 서로 사랑하게 되면 두 사람의 합의하에 결혼을 하잖아요? 이때는 그렇지 않았어요. 혼인은 가문 간의 일이었답니다. 신랑과 신부측 두 양반 가문이 혼사를 결정지었어요. 평민의 경우에도 아버지들이 혼인을 결정했지요. 부모님이 "너는 이씨 집안의 딸과 결혼하거라." 하고 정해 주면 "알겠습니다." 하고 결혼하는 식이었어요. 연애는커녕 얼굴도 결혼식 때 처음 보는 경우가 비일비재했습니다. 이런 식으로 혼인을 했기 때문에 부부 관계가 좋지 않은 경우가 많았어요. 당연히 그럴 수밖에요. 서로 사랑을 해서 그 결과로 결혼을 하는 게 아니라, 결혼을 한 후 사랑을 해야만 했으니까요. 그러다 보니 남자의 경우 첩을 두는 경우가 많았어요. 가문의 혼사를 통해 본부인은 따로 두고, 개인적으로 마음에 드는 여성을 데리고 살았던 거지요. 여성의 경우는 이를 받아들여야 했어요. 여성은 시어머니를 비롯하여 남편의 집안 사람들을 잘 모셔야 했고, 남편이 첩을 두거나 바람을 피우는 행동을 하더라도 눈감아 주어야만 했습니다.

더구나 조선 중기가 되면 시집살이가 본격화돼요. 원래 우리나라는 삼국시대부터 결혼을 하면 남자가 여자 집에서 살았거든요. 조금 어려운 말로 '서류부가혼'이라고 해요. 장가를 처갓집으로 갔던 거죠. 하지만 조선 시대로 들어와 유교 문화가 정착하면서 여자가 남자 집에 들어와서 생활하게 되었습니다. 조선 시대 초반까지만 하더라도 아직 이 문화가 정착되지는 않았어요. 신사임당 같은 여성들은 평생의 대부분을 친정집에서 살았거든요. 하지만 조선 중기가 되면 여성의 '시집살이'가 본격화됩니다. 결혼식을 한 후 여자가 남자 집에 들어가서 평생을 사는 거예요. 특별한 일이 아니고서는 친정에 오는 일도 없었습니다. 평생을 시아버지, 시어머니 등을 모시면서 시댁의 여러 일들을 감당해야 했지요. 그러다 보니 여러 문제가 생겼어요. 시아버지나 시어머니가 박대하면 감당할 수밖에 없었던 거예요. 당시에는 10대 중반이면 혼인했기 때문에 시어머니가 며느리를 괴롭히거나 구타하는 일도 빈번했습니다. 어디 가서 하소연할 곳도 없었고요. 시어머니나 남편과 싸우거나 다투면 쫓겨나기도 했죠. 이를 '소박맞는다.'라고 했는데 친정집에서는 매우 불명예스럽게 생각했어요. "이제 너는 결혼했으니 그 집 귀신이 되어라."라는 말도 이때 등장했고요. 지금 보면 정말 이해하기 힘든 문화이지만 이런 남성 중심의 가부장적인 문화는 1990년대까지도 우리 사회에 남아 있었답니다.

> **박대**
> 정성을 들이지 않고 아무렇게나 대접하는 것을 말해요.

성종과 윤씨의 경우도 마찬가지였어요. 성종은 여러 후궁을 두었거든요. 윤씨는 이를 참지 못했어요. 그래서 분노가 쌓이고 때로는 폭발하기도 했습니다. 성종이 윤씨가 아닌 후궁과 시간을 보내려고 하자 이를 문제 삼은 윤씨는 홧김에 성종의 얼굴을 손톱으로 긁어서 상처를 입히기까지 했답니다. 성종은 왕이잖아요? 왕의 얼굴은 '용안'이라고 불렀는데요. 용안에 상처라니! 당시에는 상상도 못 할 일이에요. 이러한 행동이 크게 문제가 되었습니다. 결국 시어머니 인수대비와 성종은 윤씨에 대한 적개심에 빠져들어 그녀를 궁궐에서 쫓아내려고 합니다.

물론 신하들의 반대가 심했어요. 부부 간에 함께 잘 살아야 하는 게 유교적으로 올바른 것이었으니까요. 하지만 성종은 확고했습니다. 평소에 신하들의 이야기를 잘 듣고, 국정 운영을 하는 데 있어서 소통을 중요시했지만 아내 윤씨에 대해서는 강경하기 그지없었어요. 성종은 윤씨의 '투기'를 문제 삼았어요. 투기는 질투를 이야기하는 거예요. 시어머니를 비롯하여 어르신들을 잘 모시지 못하는 등 불효를 저질렀고 남편인 성종의 뒷바라지는커녕 후덕한 마음을 잃고 질투심에 빠져 문제를 많이 일으켰다는 거죠. 윤씨는 폐비, 즉 왕비의 자격을 박탈당한 후 사약을 마셨습니다.

> **강경하다**
> 굳게 버티면서 굽히지 않는 태도를 말해요.

윤씨로서는 너무나 억울한 죽음이었을 것 같아요. 당시 사람들의 생각은 이중적이었어요. 부모에게 효도하고, 가정을 잘 다스리며, 부부 간에 화목하게 지내는 것이 유교적인 덕목이었지요. 하지만 결혼은 사랑이 아닌 가문의 선택으로 이루어졌어요. 남자들은 본처를 두고 여러 여자들과 어울리면서 첩까지 두었고요. 이에 반해 여자들은 시댁에 들어가서 시어머니의 말을 잘 듣고 순종을 하면서 생활해야 했어요. 그리고 남자들의 행실에 대해 한마디도 할 수 없었죠. 표면적으로는 화목한 가정을 이루라고 했지만 실제로는 지나치게 남성 중심적인 사회였던 거예요. 윤씨가 정말로 교만했을 수 있고, 질투심이 심해서 잘못된 행동을 했을 수도 있어요. 하지만 과연 왕비의 자리에서 쫓겨나고 사약을 먹어야 했을 만큼 잘못이 컸을까요? 인수대비나 성종은 잘못이 없었을까요? 지금의 우리는 이런 부분에서 여러 가지 생각을 해 볼 수 있을 듯합니다.

: 어머니의 비극이 불러온 연산군의 악행 :

성종과 윤씨의 갈등은 둘만의 이야기로 끝나지 않아요. 두 사람 사이에는 아들이 있었습니다. 아직 어렸기 때문에 어머니가 어떻게 죽었는지 몰랐죠. 성종은 이 사실을 철저하게 비밀에 부치길 원했어요. 세월이 흐른 후 성종이 죽고 아들이 조선의 왕이 되니 그가 연산군입니다. 연산군은 뒤늦게 이 사실을 알고 부모의 심각한 갈등, 어머니의 억울한 죽음에 크게 분노합니다.

    연산군은 조선왕조 500년을 대표하는 폭군입니다. 조선왕조를 넘어 우리 역사에서 가장 나쁜 왕으로 손꼽히는 인물이기도 하죠. 온갖 나쁜 짓은 다 했어요. 국가 재정을 낭비하면서 사냥을 즐기고, 흥청망청 살았답니다. 수백 명의 기생을 궁궐에 끌어들여서 신나게 놀았고, 수천 명의 사람들을 동원해서 궁궐에 거대한 인공 호수를 만든 후 배를 타고 오가며 놀기도 했어요. 연산군은 사냥을 정말 좋아했습니다. 그래서 한양 주변에 자신만의 사냥터를 많이 만들었는데 이때 민가를 헐고 그 근처에 사는 사람들을 쫓아내 버린 거예요. 자신의 즐거움을 위해서 백성들의 삶을 돌보지 않은 거죠. 얼마나 돈을 흥청망청 썼는지 지난 100년간 모아 두었던 국고가 거덜 났을 정도입니다.

더구나 연산군은 나쁜 정치를 일삼았습니다. 성종 때는 젊은 신하들이 과감하게 의견을 개진하며 활발한 토론 정치를 펼쳤잖아요? 연산군은 전혀 달랐어요. 바른 소리를 하는 신하들을 싫어했고, 젊은 관료들이나 사림파의 똑똑한 인재들을 미워했어요.

> **국고**
> 나라의 재산인 곡식이나 돈을 보관하던 창고를 말해요.

연산군은 두 차례 사화를 일으켰습니다. 사화는 '선비들의 화'라는 말이에요. 연산군 때문에 수많은 선비가 억울하게 죽었다는 의미입니다. 집권 초반기 연산군은 무오사화를 일으킵니다. 성종 때부터 사림파가 활발하게 활동하면서 훈구파와 자주 대립하게 되었습니다. 성종이 살아 있을 때 사림파의 지도자 중에 김종직이라는 사람이 있었어요. 그가 〈조의제문〉이라는 글을 남겼거든요. 세조가 조카인 단종을 죽이고 권력을 장악했던 것을 비판한 글이에요. 그런데 뒤늦게 훈구파에서 이 글을 문제 삼은 거지요.

연산군은 이를 악용합니다. 〈조의제문〉을 빌미로 김종직을 부관참시하고 그의 제자들을 대규모로 숙청합니다. 김종직은 이미 죽었어요. 그런데 그의 시신을 무덤에서 끄집어내서 참수형에 처했답니다. 그리고 정여창, 김굉필, 김일손 등을 처형하거나 유배를 보내는 등 대대적으로 사림파를 공격합니다. 훈구파조차 예상하지 못했던 큰 사건이었지요.

> **부관참시**
> 죽은 뒤에 큰 죄가 드러난 사람을 무덤을 파고 관을 꺼내어 시체를 베는 등의 극형에 처하는 것을 말해요.

이후 연산군은 갑자사화를 또 일으켜요. 어머니였던 윤씨의 억울한 죽음에 대한 보복이라면서 100여 명에 가까운 사람을 죽이는 등 엄청난 탄압을 했답니다. 그때까지 살아 있던 아버지 성종의 후궁들을 때려 죽이기도 하고, 당시에 저명한 사림파 선비들을 대대적으로 제거합니다. 심지어 세조의 측근이었던 한명회가 어머니 윤씨의 죽음을 막지 못했다면서 부관참시를 하기도 했습니다. 그리고 내시 김처선을 잔인하게 죽이기도 해요. 김처선은 어린 시절부터 연산군을 키웠던 인물입니다. 부모 간의 사이가 좋지 못해 외롭게 큰 연산군을 곁에서 보필하면서 부모님의 역할을 해 준 사람이 김처선이었습니다. 그런데 폭군이 되어 가는 연산군의 모습이 얼마나 가슴 아팠겠어요. 그러지 말라고 간곡하게 말린 김처선의 말로는 비참한 죽음이었습니다.

연산군의 이런 악행을 그의 가정환경 탓으로 돌리는 경우가 있어요. 과연 그럴까요? 이 또한 잘 생각해 봐야 해요. 안타까운 일이지만 어린 시절 불우한 가정에서 자라는 아이들이 종종 있어요. 하지만 이러한 아픔을 딛고 훌륭한 인물이 되는 경우도 많답니다. 환경이 좋지 못했기 때문에 나쁜 사람이 되었다는 건 올바른 생각 같지 않아요. 더구나 그렇게 이해하기에 연산군은 너무나 사치와 향락을 일삼았고, 많은 사람을 죽였으며 무엇보다 국왕으로서 나라를 지키고, 백성을 보살펴야 하는 의무를 저버렸으니까요. 연산군 개인에게도 조선이라는 국가에 있어서도 참으로 안타까운 일이었습니다.

> **향락**
> 쾌락을 누리는 것을 말해요.

제 2장

끊임없는 외세의 침략에도 나라를 지켰어요

1506년
폭군 연산군이 쫓겨나고 중종이 왕위에 올랐어요.

1543년
조선 최초의 서원인 백운동서원이 건립됐어요.

1592년
도요토미 히데요시가 조선에 쳐들어와 임진왜란이 시작됐어요.

1592년
한산도대첩과 진주대첩으로 왜군을 크게 물리쳤어요.

1610년
허준이 《동의보감》을 썼어요.

1623년
광해군이 쫓겨나고 인조가 왕이 돼요.

1636년
청나라가 조선을 침략해 병자호란이 일어나요.

중종과 조광조

개혁이 실패하면 어떤 일이 벌어지나요?

: 수많은 사람들의 노력으로 이루어지는 국가적 성과 :

애플TV에서 제작한 〈파친코〉라는 작품이 세계적으로 큰 화제가 되었어요. 일제강점기 어려웠던 한민족의 삶이 생생하게 표현된 작품이에요. 부산에 살던 사람들이 일본 오사카로 이민을 가서 온갖 고생을 하면서 성공하는 이야기인데, 미국의 애플사가 1,000억 원이 넘는 돈을 들여서 만든 작품입니다. 한류가 세계적으로 각광을 받고 자연스럽게 우리 민족의 역사와 문화에 대한 관심이 높아지면서 생긴 일입니다.

처음부터 그랬던 건 아니에요. 1990년대 중반, 대중문화가 발전하면서 아이돌 그룹이 처음 등장했죠. 같은 시기에 수준 높은 영화나 드라마가 많이 만들어지기도 했답니다. 그리고 약 20년 동안 한국의 대중문화는 끊임없이 발전했어요. 뛰어난 감독들이 연이어 등장했고 이전에는 볼 수 없었던 뛰어난 작품들이 쏟아져 나왔습니다. 가요계나 문학계도 마찬가지였어요. 여러 사람의 많은 노력이 쌓이면서 크고 작은 성과들을 이루어 왔죠. 이른바 'K-컬처'가 세계적으로 큰 인기를 끌게 된 지금은 외국의 제작사에서 돈을 들여 우리 문화를 소재로 〈파친코〉 같은 드라마, 〈미나리〉 같은 영화를 제작하기도 합니다.

눈에는 잘 띄지 않지만 오랫동안 수많은 사람들의 치열한 노력이 있었기 때문에 가능했던 일이랍니다. 만약 아무 노력도 하지 않았다면 어땠을까요? 한류가 일어날 수도 없었을 것이고 우리나라에 대한 관심 또한 높아지지 않았을 거예요. 어느 위치에서든 치열하게 노력하고 그로 인한 발전이 있어야 합니다. 그냥 내버려 두면 멈추고 마는 게 세상의 이치랍니다.

: 군주의 최대 악행, 가렴주구 :

연산군 하면 악행으로 유명하지요. 하지만 정말로 나쁜 짓을 저질렀던 것에 관해서는 잘 알려지지 않은 것 같아요. 바로 '신유공안'이 그것입니다. 신유년에 세금 제도를 바꾸었다는 뜻이에요.

앞서 얘기했듯 연산군은 사치와 낭비가 심했어요. 두 차례 사화를 일으키면서 더욱 심각해졌지요. 연산군은 사악한 측면이 있었어요. 눈치를 보면서 나쁜 짓을 일삼았거든요. 물론 왕이 된 지 얼마

안 되었을 때는 나름대로 통치를 잘해 보려고 노력했던 적도 있었지요. 하지만 연산군은 공부를 열심히 하지 않았습니다. 나라를 통치하기 위해서는 학문은 물론이고 다양한 방면에서 철저히 준비해야 하잖아요? 그런데 연산군은 세자 시절에도 학문을 게을리했고 왕이 된 후에도 경연을 열심히 하지 않는 등 참으로 게으른 통치자였어요. 그리고 두 차례 사화를 일으키면서 더욱더 나쁜 사람이 되어 갔답니다. 그나마 첫 번째 사화를 일으킨 후에는 나름대로 신하들의 눈치도 보고 그럭저럭 국정 운영을 했거든요. 하지만 두 번째 사화를 일으키고 많은 사람을 처형한 후에는 정말 무지막지한 통치를 벌이며 막 나가기 시작했어요. 황당한 일화들도 많이 남겼는데요. 연회 중에 침을 흘렸다고 처벌을 하거나, 시를 한 편만 지어 내라고 했는데 두 편 지어 냈다고 처형하거나, 연회 중에 기분이 좋아서 갑옷을 탕탕 치면서 시끄럽게 하자 마음에 안 든다고 형벌에 처하기도 했을 정도입니다.

이런 와중에 국고가 텅 비어 버립니다. 낭비가 너무 심하니까 국가 예산이 축날 수밖에 없었던 거죠. 고민하던 연산군은 신유년(1501년)에 세금 제도를 개정합니다. 국가를 운영하려면 세금을 걷어야 하잖아요? 오늘날에는 월급에서 얼마씩 세금을 제해서 국가가 가져갑니다. 소득이 많을수록 세금을 많이 가져가기도 하고, 주택이나 자동차에 세금을 부과하기도 하죠. 석유나 술, 담배 같은 데다 세금을 매기기도 하고요.

조선시대에는 방식이 조금 달랐어요. 우선 조세라고 해서 토지 소유량에 따라 세금을 냈습니다. 세금은 쌀로 냈는데, 토지가 많을

― 조선의 세금제도 ―

조세	① 농민이 수확물의 일부를 바쳐요.
	② 지주가 수확물의 일부를 국가에 바쳐요.
공물	① 백성들이 지방의 특산물을 바쳤어요.
	② 세종 때에는 백성의 고통을 덜어주기 위해 토지의 질과 작황에 따라 토산물을 바치게 했어요.
역	① 군역: 평민 남자가 교대로 군복무를 했어요.
	② 요역: 평민 남자들이 각종 공사에 동원되어 일을 했어요.
	③ 군역을 못하는 사람들은 일하는 대신 베를 바쳤어요.

수록 세금을 많이 냈어요. 주로 양반들이 조세를 많이 냈지요. 공물이라는 세금도 있었어요. 공물은 지역 특산물을 뜻합니다. 지금도 지역마다 유명한 특산품이 있잖아요? 공주 알밤, 성주 참외, 상주 곶감처럼요. 공물은 지역 특산물을 내는 것을 말해요. 가족 인원수에 따라 계산해서 가족의 수가 많으면 특산물을 많이 내고 적으면 적게 내는 방식이었습니다. 공물은 주로 백성들이 많이 냈어요. 농사를 짓는 등 생산을 하는 계층이기 때문이었지요. 이 밖에도 역이라는 게 있어요. 군역과 요역으로 나뉘는데 남성 노동력을 의미합니다. 16세부터 60세까지 군사 훈련을 받으며 유사시에 전투에 동원되는 것을 군역이라고 하고, 성벽을 보수하거나 길을 닦는 등 국가 건축 사업에 동원되는 것을 요역이라 합니다.

그런데 연산군은 유독 공물의 양을 늘렸어요. 양반의 눈치를 본 거죠. 조세를 올리면 양반들이 세금을 많이 내잖아요? 가뜩이나 마구잡이로 통치를 하면서 양반들의 미움을 사고 있는데 조세마저 올리면 반역을 일으킬 수 있다고 판단한 거죠. 양반 계급의 역모를 염려한 연산군은 오히려 조세를 낮추는 등 양반들의 마음을 사기 위한 노력을 합니다. 그리고 가렴주구, 즉 백성들을 쥐어짜기 시작해요. 당시 백성들은 투표권도 없고 자신의 의견을 표출할 수 있는 창구가 없었거든요. 오늘날과 같이 민주주의가 발전하지 못했기 때문이에요. 평소에 양반들이 백성들을 갈취하는 경우가 많았지만 백성은 어디에 하소연할 곳도 없는 터라 왕은 앞장서서 백성을 보호해야 했지요. 그런데 연산군은 공물의 양을 대폭 늘리면서 백성들의 삶을 힘들게 한 거예요. 참으로 가혹한 행동이었죠.

너무나 폭정을 일삼았기 때문에 연산군은 '중종반정'을 통해 쫓겨났습니다. 다른 사람들도 아니고 측근들이 반란을 일으켰어요. 제대로 된 저항도 못 해 보고 붙잡힌 다음 교동도에 '위리안치'되었답니다. 집의 담을 높이 쌓아서 빛이 못 들어오게 한 후 그곳에 가두어 두는 방식이에요. 평소에도 건강이 좋지 못했던 연산군은 얼마 후 죽게 됩니다.

: 조광조가 꿈꾼 세상과 중종의 한계 :

새로운 세상이 열렸어요. 폭정의 시대가 끝나고 중종이 왕이 되었죠. 연산군이 일삼던 온갖 기행이 사라졌어요. 함부로 사람을 죽이는 일도, 사치와 낭비는 물론 과도한 향락과 사냥도 사라지게 되었어요. 비로소 10여 년간의 혼란을 딛고 조선이 어느 정도 안정됩니다.

중종은 새로운 정치를 펼치기 위해 조광조를 비롯한 새로운 사림파 인재를 등용합니다. 연산군 때 많은 사람들이 피해를 입었지만 여전히 지방에는 유능한 선비들이 존재했답니다. 그중에 조광조가 가장 유명했어요. 워낙 똑똑했고 학문에 뛰어났으며 정치력 또한 대단했거든요. 과거 시험에 높은 성적으로 합격했고 일찍부터 두각을 드러냈지요. 중종 또한 조광조를 끔찍이도 아꼈어요. 사실 중종은 곤란한 사정이 있었는데 반정을 일으켰던 공신들의 기세에 눌려 있었다는 거예요. 중종은 왕이 될 생각도 없었고 연산군에게 저항한 적도 없는 유약한 인물이었어요. 하지만 성희안, 박원종, 유순정 등이 연산군을 몰아낸 후에 중종을 왕으로 모셔 버렸지요. 그러니 중종 입장에서는 이들의 눈치를 볼 수밖에 없었던 거예요. 마치 세조가 한명회 등의 눈치를 보며 훈구파들을 대우해 주었듯 말이에요.

> **두각을 드러내다**
> 뛰어난 학식이나 재능을 나타내는 것을 비유적으로 이르는 말이에요.

중종은 이들을 견제할 사람들을 찾았답니다. 성종이 김종직 등을 등용했듯이 중종은 조광조를 비롯한 사림파에게 많은 기대를 걸었어요. 그리고 조광조는 중종의 기대에 철저하게 부응했습니다. 각종 개혁을 추진한 거예요. 연산군 때문에 사회가 많이 혼란했잖아요? 중종과 조광조는 사회 기강을 바로잡기 위해 여러 활동을 펼칩니다. 일단 유교 문화를 강화하고자 했어요. 조선이 유교 왕조이긴 하지만 고려시대 문화가 많이 남아서 불교나 도교의 영향이 있었거든요. 특히 왕실의 여성들은 도교식 제사 방식을 선호했는데, 도교식으로 제사를 지내면서 국가와 왕실의 안녕을 비는 기관이 소격서였어요. 그래서 조광조는 소격서부터 없앱니다. 유교 국가에 잘못된 문화가 있어서는 안 된다는 입장이었죠.

> **도교**
> 삼국시대 때 전래된 중국의 사상으로, 신선이 되어서 속세를 떠나고자 하는 바람이 담겨 있어요.

또한 향약을 전국에 보급하고자 했어요. 향약은 향촌 규약이라는 말인데, 마을 공동체 사람들끼리 함께 도우면서 도덕적으로 훌륭하게 지내야 한다는 내용을 담은 규칙이라고 보면 됩니다. 유교적인 문화를 백성들에게 보급하려는 시도였지요. 나중에 퇴계 이황, 율곡 이이 등이 향약 보급에 큰 역할을 한답니다. 무엇보다 조광조는 현량과를 적극적으로 실시했습니다. 현량과는 과거 시험이 아닌 추천제를 통해 인재를 등용하는 제도였어요. 강력한 개혁을 위해서는 준비된 인재들을 조정에 빨리 들이는 게 중요했거든요. 빠르게 사림파를 양성해 훈구파를 견제하고자 한 거죠. 여기까지는 중종과 조광조 사이에 이견이 없었습니다. 중종은 조광조를 앞세워 훈구파를 견제하였고 유교 문화 보급을 통해 사회를 안정적으로 이끌어 나갔어요.

하지만 시간이 지날수록 중종과 조광조 사이가 벌어지기 시작해요. 조광조는 보다 근본적인 개혁을 하고 싶었어요. 연산군이 신유공안을 통해서 백성의 삶을 어렵게 만들었잖아요? 조광조는 그것을 바꾸고 싶었던 거예요. 백성이 행복한 세상이 되어야만 한다는 거죠. 세금 제도가 개혁되어 백성들이 세금을 적당히 내면서 먹고살기 편해져야 연산군 때 만들어진 사회 문제를 해결할 수 있다고 보았어요.

하지만 중종은 이런 것에는 관심이 없었습니다. 중종은 어느 정도 사회가 안정되고 왕권이 강화되자 안주하기 시작했어요. 조광조와 사림파가 더욱 강력한 개혁을 추진하려 하자 중종은 나쁜 결단을 내립니다. 조광조를 죽이고 사림파를 조정에서 내몰아 버렸어요. 기묘사화가 발생한 거예요. 조광조나 사림파의 입장에서는 억울하기 짝이 없었죠. 그렇게 믿었던 중종이 배신을 해 버렸으니까요.

조광조가 죽고 사림파가 쫓겨나면서 조선은 정체기에 들어섭니다. 개혁을 열망하던 사람들이 사라져 버리면서 사회가 활력을 잃은 거예요. 세금 제도는 개선되지 않았고 백성들의 삶은 여전히 어려웠죠. 연산군은 사라졌지만 연산군이 만들어 놓은 문제는 여전히 남아 있었어요. 중종은 조광조를 죽인 후 좋지 못한 모습을 보이게 됩니다. 김안로를 비롯하여 특정한 사람들에게 권력을 주었다가 그의 힘이 강해졌다고 느끼면 숙청하는 행위를 반복했어요. 중종은 조광조를 대신하여 여러 인물들을 발탁했지만 그 누구도 조광조처럼 개혁에 열정적이지 못했죠. 조광조의 죽음 이후 조선은 활력을 잃어버린 사회가 되고 말아요. 연산군 때처럼 혼란스럽지는 않았지만 그렇다고 특별히 좋아지지도 않는 그러한 정체기가 반복되었던 겁니다.

> **정체기**
> 발전하거나 나아가지 못하고 머물러 있는 시기를 말해요.

조선 중기 심각한 위기를 맞이하다

나라가 백성을 돌보지 않으면 어떤 일이 발생하나요?

: 갈등을 잘 해결하는 것이 국가의 역량 :

늦게 자는 바람에 몸이 피곤한 날이 있잖아요? 피곤하면 적당히 휴식을 하고 잠도 많이 자야 몸이 좋아지죠. 몸의 신호를 무시하고 평소처럼 활동을 하다 보면 감기에 걸리거나 크게 아플 수 있어요. 상처가 나면 어떻게 해야 할까요? 반드시 소독을 철저하게 한 후 상처 부위를 치료해야 해요. 그러지 않으면 상처가 덧나거나 처음보다 병세가 훨씬 심각해질 수 있습니다.

    개인의 건강도 그렇지만 나라도 마찬가지예요. 어떤 나라든지 사회문제가 한두 개씩은 꼭 있습니다. 미국 같은 경우는 인종 갈등이 심각하죠. 흑인 문제를 둘러싼 갈등을 넘어서 최근에는 아시아계 사람들을 혐오하는 현상까지 생겼어요. 우리나라는 남북한 대립 관계가 가장 큰 문제예요. 원래는 한민족, 하나의 나라였는데 1945년 해방이 되면서 분단이 되었고 3년간 전쟁까지 벌였잖아요? 지금까지 사이가 좋지 못합니다. 도쿄나 베이징 등 세계의 모든 곳을 가 볼 수 있는 시대에도 북한 여행은 불가능하니까요. 인구가 점점 줄어든다든지, 남녀 갈등이 심해진다든지, 악플로 인한 자살 문제가 생긴다든지 사람이 살아가는 사회에는 항상 안 좋은 일들이 발생합니다. 따라서 적극적인 의지를 가지고 여러 사람들이 머리를 맞대 이러한 문제를 풀어 가야 합니다. 그렇지 않으면 문제가 계속 쌓여서 나중에는 감당할 수 없는 지경에 이르게 되니까요.

: 보이지 않는 문제들과 더욱 엄격해진 계급제 사회 :

저습지와 구릉지
저습지는 땅이 낮고 습도가 높은 지역을, 구릉지는 높지 않은 언덕들이 있는 지대를 말해요.

개간
거칠고 버려진 땅을 일궈서 쓸모 있는 논밭으로 만드는 일을 말해요.

연산군과 중종의 시대를 거치면서 조선 사회의 분위기가 많이 변해 가요. 뭐라고 표현을 하면 좋을까요? 문제가 없어 보이는데 문제가 심각한 상황? 겉으로 보기에는 괜찮았어요. 여진족이나 왜구의 침략이 있는 것도 아니고, 명나라와의 사이도 좋았으니까요. 농업도 꾸준히 발전했고 **저습지나 구릉지**같이 기존에는 농사를 짓지 못하던 곳을 **개간**해서 새롭게 농지를 확보하기도 했어요. 농법도 꾸준히 발전해요. 세종 때 《농사직설》이라는 책을 편찬했거든요. 전국에 직접 관리를 파견하여 농업 현황을 조사하고 농민들에게 다양한 농경 기술을 배워 와서 만든 책이에요. 전국의 농업 기술을 모아서 책으로 편찬하니까 활용하기 너무 편했어요. 지방에 파견된 수령들은 《농사직설》을 통해 농업 생활을 지도하고, 농민들은 그동안 해 보지 못했던 농사 기법을 활용하게 되는 등 여러 이득이 있었죠.

특히 모내기 보급이 본격적으로 이루어져요. 농사를 지을 때 바로 들판에 볍씨를 뿌리는 것이 아니라 우선 모판이라는 평평한 직사각형 땅에 볍씨를 뿌려서 따로 키워요. 그동안 농지에는 보리를 심어 키우죠. 때가 되면 보리를 싹 베고, 논에 물을 넉넉히 댄 다음에 모판에서 키운 벼를 옮겨 심어 키웁니다. 이런 방식으로 농사를 지으면 한 논에서 보리와 벼를 동시에 키울 수 있고, 수확량도 훨씬 높아진다고 해요. 더불어 시비법, 즉 거름을 주는 법도 발전했어요. 짚이나 나뭇잎 혹은 동물이나 사람의 배설물을 한데 모아서 푹푹 썩히면 영양분이 농축된 거름이 되거든요. 농토, 특히 씨를 심은 곳에 거름을 넉넉히 뿌리면 식물이 훨씬 잘 자란답니다.

이렇게 발달하는 부분도 있었지만 꼼꼼히 살펴보면 여러 문제들이 본격적으로 시작되기도 했어요. 우선 사회가 건강한 모습을 잃어 갔지요. 조선은 과거제 사회였어요. 3년에 한 번씩 시험을 보았는데 문과, 무과, 잡과로 나누어서 보았습니다. 문과는 문신 관료를 뽑는 시험이고, 무과는 군인을 뽑는 시험이에요. 고려 시대는 무과가 없었잖아요? 무과가 정식 시험이 되면서 군인에 대한 인식과 대우가 나아졌어요. 잡과는 기술직을 이야기해요. 의사, 법률가, 천

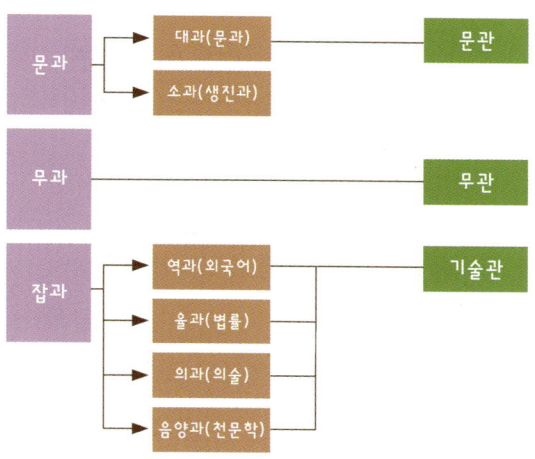

조선 시대의 과거 제도

문학자, 통역관 등을 잡과를 통해 뽑았습니다. 오늘날에는 최고의 전문직인데 조선시대에는 잡과에 합격한 사람들을 양반보다 못한 중인으로 취급했어요.

과거 시험은 일단 합격하는 게 너무 어려웠어요. 시험은 3년에 한 번씩 치러졌고 여러 단계를 거쳤습니다. 우선 시험을 보려면 소과에 응시해야 해요. 소과를 통과하면 대과를 봐야 합니다. 대과는 3단계로 나뉘어 있는데 마지막에는 국왕 앞에서 시험을 보았습니다. 왕이 직접 문제를 내기까지 했어요. 일종의 논술시험이었죠. 한문을 깊이 알고, 한문학이나 유교 경전 그리고 역사서에 대한 이해도가 높아야 했어요. 한자를 최소 5~6만 자 이상은 알아야 하고, 사서삼경 같은 유교 경전을 줄줄 외우는 것은 물론 그 내용을 해석하고 자신의 의견까지 추가해야 했습니다. 특히 마지막으로 국왕 앞에서 보는 시험은 난이도가 매우 높은 응용 문제였어요. '경전에 이런 내용이 나오는데 오늘날 현실에 어떻게 적용할 수 있을까?', '오늘날 사회가 이런 어려움과 혼란을 겪는데 이 문제는 어떻게 대처할 수 있을까?' 등 까다로운 문제를 냈습니다. 그렇게 해서 전국에서 문과는 33명, 무과는 28명을 뽑았어요. 수천, 수만 명의 사람들이 과거 시험을 준비하는데 3년에 고작 30명 정도를 뽑았으니 경쟁이 상상을 초월할 정도였답니다. 과거 시험에 1등을 하는 것을 장원급제라고 해요. 워낙 시험이 어려웠기 때문에 장원급제를 했다는 것은 가문의 영광이었어요.

　시험이 어렵다 보니 과거 합격자가 많이 배출될 수가 없잖아요? 그러다 보니 '양반 가문'이라는 이상한 모습이 나타나요. '우리 아버지가 과거 합격자다.', '우리 할아버지가 과거 합격자다.', '우리 4대조 할아버지가 과거 합격자다.', 뭐 이런 식으로 집안의 전통을 강조하게 된 거예요. 과거에 합격을 하고 관료가 된 후 승진을 하는 것은 개인적인 노력에 달린 거잖아요? 더구나 양반이라는 것은 원래 문신과 무신을 가리키던 용어예요. 국왕 옆에 문신과 무신들이 쭉 서 있었기 때문에 이 모습을 양쪽으로 나뉘어 선 무리, 즉 양반이라 한 거죠. 그런데 가문을 강조하면서 사람들이 족보를 만들고 '우리 집안이 양반 가문이다.'라는 식의 주장을 하면서 문화가 바뀌었어요. 과거 합격자를 배출한 집안은 훌륭한 집안이고 그렇지 못한 집안은 평민에 불과하다는 주장이었죠. 사실 과거 공부를 하려면 시간과 돈이 엄청 필요했거든요. 집안이 넉넉할 경우 오랜 기간 마음껏 과거 공부를 할 수 있었으니 아무래도 잘사는 사람들이 과거에 합격하기에 유리했죠.

조선 초기에는 일반 평민 중에도 과거 합격을 하는 경우가 종종 있었는데 시간이 지날수록 부유한 계층에서만 과거 합격자가 배출되었어요. 더구나 이 사람들이 족보를 만들고 양반 계층 행세를 했어요. 원래 조선은 양천제 사회거든요. 양민과 천민밖에 없었어요. 그런데 반상제 사회로 바뀝니다. 양반, 중인, 평민, 천민으로 신분제도가 더욱 엄격해진 거예요.

: 백성을 힘들게 한 국가와 양반의 세금 폭탄 :

세금 문제도 심각했어요. 연산군 때 신유공안을 통해 농민들의 부담을 늘렸다고 했잖아요? 그리고 중종 때 조광조의 주장에도 불구하고 개선이 되지 않았고요. 이후 명종, 선조를 거치면서도 이 문제는 해결되지 않아요. 세금을 지나치게 많이 걷으니까 백성들의 삶이 힘들어질 수밖에 없었어요. 풍년이 들어도 힘들고 흉년에는 더욱 힘들었어요. 농사가 잘되면 기다렸다는 듯이 세금으로 쌀을 많이 뜯어갔고 흉년에도 사정을 봐주지 않았습니다.

더구나 양반들 때문에 이 문제는 심각해집니다. 양반들이 다양한 방식으로 농민들을 괴롭혔거든요. 같은 동네에 사는 농민들을 강제로 동원해 황무지를 개척해서 농지를 만들기도 했습니다. 이렇게 만들어진 농지는 양반의 소유였어요. 농민들에게 대가가 주어지지 않았던 거죠. 소작제 또한 활발해집니다. 양반들이 자신의 농토를 농민들에게 빌려주는 거예요. 농민들은 양반의 농토에서 농사를 짓고 그 대가로 생산한 쌀의 절반을 바쳤어요. 엄청난 양이죠? 국가에 내는 세금이 10퍼센트 미만이었던 데 비해 양반에게 내는 소작료는 50퍼센트가 넘었습니다. 100만 원을 벌면 50만 원을 양반에게 주어야 한다는 말이에요. 농업은 발전하는데 백성들의 삶은 점점 나빠지고 있었던 겁니다.

세종 때 보여 주었던 창의적인 도전들이 사라지게 되고 정치적인 갈등 또한 자주 일어나요. 연산군과 중종은 사화를 일으켰잖아요? 중종이 죽은 후 명종이 즉위하는데 이때 또 사화가 일어나요. 을사사화라고 하는데 좀 황당한 사건이에요. 왕의 외척들끼리 권력 다툼을 하다가 그 피해가 사림파에게 미쳤답니다. 명종의 외삼촌 윤원형 일파가 인종의 외삼촌인 윤임 일파를 몰아내면서 사림파도 윤임 일파와 한통속이라고 단정하고 공격을 했습니다. 가뜩이나 세 차례 사화를 겪으면서 사림파가 크게 줄었는데 을사사화까지 터지니까 상황이 더욱 나빠졌어요. 나라를 위해 헌신할 만한 유능한 인재들의 숫자가 줄어든 거니까요. 국왕은 백성을 위한 통치에 관심이 없고 신하들은 권력 다툼을 하느라 시간을 소진하니 백성들의 삶은 나날이 어려워질 수밖에 없었죠. 국가 재정도 엉망이었어요. 합리적으로 나라를 운영해야 하는데 그렇지 못하다 보니 명종 때가 되면 신하들에게 월급을 주지도 못하는 지경에 이르렀습니다.

상황이 이렇다 보니 의적이 등장하게 됩니다. 홍길동, 임꺽정 같은 인물이 대표적이에요. 홍길동의 경우는 나중에 허균에 의해서 최초의 한글 소설인 《홍길동전》이 만들어져요. 그래서 많은 사람들이 홍길동을 허구의 인물이라고 생각하죠. 하지만 홍길동은 15세기에 활동했던 유명한 도둑입니다. 임꺽정은 일제강점기 때 홍명희가 장편소설로 쓰면서 크게 인기를 끌었답니다. 임꺽정은 16세기 명종 때 황해도 구월산을 근거지로 삼고 오랫동안 활약하며 양반들을 위협했던 도둑입니다. 양반가의 재산을 약탈해서 일부를 백성들에게 나누어 주면서 인기를 끌었죠. 이들을 '의로운 도둑'이라고 부를 수는 없어요. 남의 물건을 훔쳐서 이득을 취했고 백성들을 위한 활동을 열심히 하지는 않았으니까요. 정말로 백성들을 위한다면 적극적으로 의견을 개진하며 개선책을 요구하거나 그것도 안 되면 민란을 일으키든지 했어야죠. 그럼에도 이들을 의적이라고 부르는 것은 그만큼 사회가 혼란스러웠기 때문입니다.

멋지게 나라를 세워서 세종과 성종 때 크게 성장한 조선이 세조, 연산군 그리고 중종, 명종을 거치면서 심각한 침체기에 빠져들었어요.

퇴계 이황, 인재를 기르고 인문학의 시대를 열다

사는 데 공부가 무슨 소용이에요?

: 사람을 가르치는 일의 중요성 :

세상에는 다양한 직업이 있답니다. 강력한 힘과 영향력을 가진 직업도 참 많아요. 정치인이 대표적이죠. 대통령이나 국회의원 혹은 각부 장관이 되면 본인들이 원하는 대로 정책을 추진하고, 법을 만들면서 나라를 이끌게 됩니다. 어마어마하게 강력한 권한을 가진 자리입니다. 기업인도 마찬가지예요. 삼성, 현대, LG, SK 등 한국을 대표하는 기업이 많잖아요? 한국의 기업들은 현재 세계 시장을 선도하고 있어요. 핸드폰, 반도체, 가전제품 등 우리의 뛰어난 기술력이 인정을 받고 세계 곳곳에 한국 기업이 세운 공장들이 들어서고 있답니다. 연예인의 경우 권력은 없더라도 영향력은 엄청나죠. 많은 사람들이 좋아하기 때문에 그들의 말투부터 입는 옷까지 큰 관심을 받는답니다.

하지만 역사라는 보다 긴 시간을 고려해 본다면 가장 의미 있는 일을 하는 이들은 학교 선생님이 아닐까 해요. 학생들의 생각을 이끌어 주는 역할이니까요. 어린아이들에게 좋은 가치관을 심어 주고, 자라나는 10대 청소년들의 인생을 지도하고, 대학을 가면 전문적인 지식을 가르쳐 주죠. 이런 것들은 눈에 잘 보이지는 않습니다. 하지만 사람들의 정신에 큰 영향을 미치기 때문에 가장 오랫동안 강력한 영향력을 행사한답니다.

: 조선 중기 성리학의 심폐 소생 기관, 서원 :

조선의 최고 교육 기관은 성균관입니다. 소과에 합격한 학생들은 모두 이곳에서 공부하면서 대과 시험을 준비해야 했어요. 예비 관료들이 이곳에 모여서 함께 교육을 받았던 거예요. 성균관은 창경궁 옆에 있답니다. 학생들은 명륜당에서 함께 토론하면서 공부했어요. 동재, 서재라고 해서 학생들이 머무를 수 있는 기숙사도 있었고요. 공자를 비롯하여 중국과 우리나라의 위대한 유학자를 기리는 대성전이 있었답니다. 이밖에도 도서관 역할을 했던 존경각을 비롯하여 여러 건물이 있었고요.

조선 중기가 되면 원래 향교밖에 없던 전국 곳곳에 서원이 새로 만들어져요. 조선은 유교 국가이고 과거 시험을 위해서라도 유교 경전을 공부해야 하잖아요? 조선이 건국되면서 전국에 향교라는

유네스코 세계문화유산 '한국의 서원'

돈암서원
김장생의 학문과 덕을 기리기 위해 지어진 곳으로, 돈암이라는 큰 바위가 있어 이곳에 은둔하며 제자를 가르쳤다고 해서 돈암서원이 되었어요.

소수서원
중종 때 영주시 백운동에 세운 서원으로, 백운동 서원이었다가 명종 때 '소수'라는 이름으로 고쳤어요. 우리나라 최초의 서원이에요.

무성서원
우리나라 유학자의 시작으로 꼽히는 최치원의 업적을 기리는 서원이에요. 다른 서원과 달리 유생이 공부하던 집인 재실이 담 밖에 위치해 있어요.

도산서원
1574년에 퇴계 이황의 학문과 덕을 기리기 위해 세운 곳으로 조선 후기 유림의 정신적인 근거지예요.

필암서원
을사사화 후에 고향으로 돌아와 성리학을 연구했던 김인후의 학문을 기리는 서원이에요. 장성에 위치해 있어요.

병산서원
유성룡의 학문과 업적을 기리기 위해 지은 서원으로, 안동 하회마을과 함께 '한국의 역사마을'로도 유네스코 세계문화유산에 등재되었어요.

남계서원
소수서원 다음으로 오래된 서원으로, 조선 전기의 문신인 정여창의 학문을 기리는 서원이에요. 함양에 위치해 있어요.

도동서원
김굉필의 학문과 업적을 기리기 위해 대구 달성에 지어진 서원으로 공자의 도가 동쪽에서 왔다는 뜻으로 도동서원이라 불렀어요.

옥산서원
이언적의 학문과 업적을 기리기 위해 지은 서원으로, 역시 경주 양동마을과 함께 '한국의 역사마을'로도 유네스코 세계문화유산에 등재되었어요.

지방 학교가 세워졌답니다. 학생들은 이곳에서 공부를 했어요. 지금도 지역 곳곳에 향교가 남아 있답니다. 현재는 향교가 없더라도 지역 이름에 흔적이 남아 있는 경우도 있어요. 전국에 교동이라고 불리는 동네가 많은데, 대부분 과거에 향교가 있던 동네랍니다.

학교가 국가가 세운 교육 기관이라면 서원은 사설 교육 기관이에요. 요즘으로 말하면 학원과 같죠. 성리학이 보급되며 유학에 대한 관심이 높아지고, 과거 시험 준비생들이 늘어나면서 서원이 많이 만들어졌습니다. 어릴 때는 서당에서 기초 교육을 받고, 서당 교육이 끝나면 향교나 서원에서 공부합니다. 그러다 소과 시험에 합격하면 성균관에 입학해 학업을 이어가는 조선 시대 초등, 중등, 고등 교육이 완성된 거예요.

우리나라에서 최초로 만들어진 서원은 경상북도 영주에 있는 백운동서원입니다. 주세붕이라는 사람이 세웠는데 나중에는 이름이 소수서원으로 바뀌어요. 이후 전국 방방곡곡에 서원들이 세워집니다. 도산서원, 병산서원, 옥산서원 등 유명한 서원 중 일부는 지금까지 보존되어 있기도 해요.

서원의 구조는 성균관과 비슷해요. 학당과 기숙사 그리고 제사를 지내는 곳으로 이루어져 있거든요. 서원은 경치가 좋고 주변에 강이 흐르는 약간은 비탈진 곳에 세웁니다. 유교적인 세계관이 반영된 거예요. 인간 또한 자연의 한 부분이잖아요? 좋은 경치 속에서 자연을 바라보며 깊은 생각에 빠져 보라는 거죠. 거대한 자연, 변치 않는 자연, 수많은 만물이 어우러지는 자연. 작디작은 인간, 무수한 변화 속에 살아가는 인간, 인간들이 만든 복잡다단한 세계. 인간은 자연의 일부이고 자연에 의지하여 살지만 독립적인 존재이기도 해요. 대부분의 서원은 걸어서 올라가는 구조로 만들어져 있어요. 입구에서 기숙사를 거쳐 공부하는 공간으로 걸어 올라가야 하는 비탈진 구조인 거죠. 비탈이 너무 높으면 올라가기 힘들잖아요? 평평한 길이면 걷는 데 전혀 힘들지 않고요. 적당히 비탈져 있으면 올라가기 위해 힘을 써야 합니다. 유학자들은 적당한 비탈을 올라가기 위해 힘을 써야 하는 것이 인간의 길이라고 보았습니다.

학문을 하고, 욕망을 절제하고, 노력을 통해 자신의 인격을 완성해 나가는 삶을 살아야 한다고 생각했던 거죠. 서원은 이러한 세계관을 반영해서 만들어진 뜻 깊은 공간입니다.

불교 사찰과는 차이가 있어요. 많은 절들이 대부분 산속에 있고, 절에 도달하기까지 높은 길을 걸어 올라가야 하잖아요? 불교는 수행을 강조하는 종교입니다. 수도자가 되기 위해서는 결혼도 포기하고, 머리도 깎고, 다른 스님들과 같은 옷을 입고 공동생활을 해야 합니다. 그만큼 진리에 이르는 길이 어렵고 많은 노력이 필요한 거죠. 불교적인 세계관이 절 건축에 영향을 미쳤다고 할 수 있어요.

불교의 이러한 입장에 대해 성리학은 비판적이었어요. 지나치게 고행을 강조하고 사람이 살아가면서 마땅히 이루어야 할 가족을 부정한다고 보았죠. 성리학은 중국 송나라 때 나온 사상이거든요. 인도에서 시작한 불교가 중국에 들어와서 당나라 때 크게 유행을 했습니다. 불교는 철학적인 종교입니다. '모든 인간은 인연으로 맺어진 존재이고 서로 자비를 베풀면서 함께 살아야 한다. 하지만 쓸데없는 집착과 불필요한 마음가짐으로 인해 사람들은 고통에 빠져 있다. 그러니 부처님의 가르침을 받아들여 고통에서 벗어나야 한다.' 이런 식으로 체계적인 교리를 가지고 있었어요.

유학 사상은 그렇지 못했습니다. 유학은 중국 춘추전국시대 때 등장했는데 '어떻게 하면 백성을 평안하게 살게 할까?', '어떻게 하면 혼란한 세상을 안정시킬 수 있을까?' 이런 생각이 주를 이루었거

> **고행**
> 몸이 견디기 어려운 일을 하며 수행을 쌓는 것을 말해요.

든요. 송나라 때 등장한 성리학은 불교에 영향을 받으면서 불교를 극복할 수 있는 철학적인 사상으로 발전합니다. '우주 만물은 기(氣)로 이루어져 있다. 또한 이(理)라고 부르는 도덕적인 마음 또한 함께 있다. 사람 또한 마찬가지이다. 사람의 몸은 기로 이루어졌고 사람의 마음은 도덕적인 것을 추구한다. 따라서 사람들은 자신 안에 있는 도덕적인 마음을 잘 키워서 훌륭한 성인이 되어야만 한다.' 이런 식의 철학적인 생각들을 발전시켜 나갔습니다.

한편 과거 시험에 대해서도 비판적이었어요. 중요한 것은 사람다움이고 이를 위해서 매일매일 훌륭해지기 위해 노력해야 하는데 그러한 것들은 외면하고 시험공부만 한다는 거예요. 훌륭한 사람이 되는 과정 중에 과거에 합격하고 관료가 되어 나라를 다스릴 수는 있어요. 그런데 훌륭한 마음을 가지지 않고 그저 시험에 합격해 출세하려고만 든다는 거죠. 성리학자들은 불교뿐 아니라 이러한 세태에 대해서도 크게 비판했습니다. 공부의 본질은 시험 대비가 아니라 인격 완성이라는 거죠.

: 조선의 인재를 길러낸 큰 스승, 퇴계 이황 :

성리학이 발전하는 가운데 퇴계 이황이 등장해요. 이황은 젊은 날에 과거 시험에 합격해서 관료로 활동합니다. 하지만 만족이 되지 않았어요. 깊이 있게 학문을 하고 싶었고 제자들을 양성하고 싶었거든요. 이황이 활동하던 때가 명종 때였는데 신하들끼리 권력 다툼을 일삼고 사화를 일으켜서 뛰어난 선비들을 공격하는 등 혼란이 이어졌어요.

　이황은 크게 염증을 느끼고 50살이 되던 해에 관직을 내려놓습니다. 그리고 고향인 경상북도 안동에 돌아와서 도산서당을 세웁니다. 지금은 도산서원으로 불리고 건물도 여러 채가 있거든요. 하지만 도산서원은 이황이 죽은 후에 그를 모시기 위해 만들어진 건물입니다. 이황이 처음 만들었던 도산서당은 작은 한옥이에요. 작은 건물 하나를 짓고, 주변에 작은 정원을 만들어 이곳에서 학문에 힘썼답니다. 이황은 당대 최고의 학자이기도 했고 조선왕조 500년을 대표하는 성리학자입니다. 우리나라에서만 최고가 아니었어요. 중국에도 알려졌고, 중국의 성리학자들이 생각하지 못한 주제를 두고도 중요한 연구를 했답니다. 당대 세계 최고의 학자 중 하나였던 셈입니다. 그러니 수많은 사람들이 찾아와서 그에게 배움을 청하고 많은 이들이 함께 모여서 공부했습니다.

　많은 인재들이 이황을 통해 길러졌어요. 그중에 가장 유명한 인물은 임진왜란 당시 큰 활약을 펼친 서애 류성룡입니다. 류성룡은 임진왜란을 막기 위해 좌의정 등 주요 요직에서 활약하였고 권율, 이순신을 **천거**하여 국가 방위에 힘썼던 인물입니다. 류성룡을 **배향**하는 서원이 병산서원입니다. 도산서원에서 멀지 않은 곳에 있어요. 기정진 같은 인물들은 이황의 주장을 반박하면서 논쟁을 일으켰습니다. 한참 선배였

> **천거**
> 어떤 일을 맡아서 할 수 있는 사람을 소개하거나 추천하는 일을 말해요.

> **배향**
> 학문적으로 존경받다 돌아가신 분들의 위패를 서원에 모시는 일을 말해요.

던 이황은 자존심 상해하지 않고 기꺼이 대응하면서 논쟁에 참여했는데 무려 8년간 지속되었습니다. 그만큼 조선의 학문 수준이 높아졌던 거예요. 이황은 모든 유학자에게 존경받는 걸출한 인물이었지만 늘 친절하고 다정다감한 태도로 제자들을 이끌었어요. 식사도 소박하게 하면서 절제하는 삶을 살기 위해 노력했죠. 길을 다니다가 아름다운 풍경이 있으면 시를 쓰고 자연의 아름다움을 누리는 등 소박하지만 아름다운 삶, 학문에 정진하지만 사람들과 함께 하는 삶을 만들어 갔던 인물입니다.

이러한 이황의 노력으로 조선은 기회를 얻어요. 그동안 수많은 사화에 의해 뜻있는 선비들이 죽으면서 인재가 사라졌잖아요? 하지만 이황의 적극적인 학술 활동과 제자 양성을 통해 새로운 인재들이 대거 등장하면서 조선은 활력을 되찾습니다.

율곡 이이의 분투

나라는 왕이 통치하는데 왜 신하의 능력이 중요한가요?

: 모든 것에는 때가 있는 법 :

"공부에는 때가 있다. 아빠가 그때 그걸 안 해서 이제 와 얼마나 후회하는 줄 아니? 시간을 되돌릴 수도 없고 말이야." 이런 얘기를 한 번쯤 부모님이나 선생님께 들어 보았을 거예요. "공부에는 때가 있으니 지금 열심히 해야 해. 수학은 초등학교 때부터 기초를 다지지 않으면 중학교 가서 너무 힘들어져. 고등학교 가서는 아예 손을 놓는다니까." 이런 얘기를 들어 보았을 수도 있고요.

듣는 입장에서는 너무나 스트레스 받는 잔소리입니다. 하지만 어른들 입장에서는 뒤늦게 뼈저릴 정도로 후회하기 때문에 이야기하는 진심이기도 해요. 모든 일에는 때가 있어요. 학창 시절에 공부를 열심히 하지 않으면 충분한 훈련과 습관이 되지 않아서 나중에 문제가 생길 수 있고, 무엇보다 쌓아 놓은 실력이 없기 때문에 경쟁에서 이길 수도 없겠죠.

나라나 민족도 마찬가지예요. 잘 발전하다가도 노력을 게을리하고, 문제가 생겼는데도 외면하고 허송세월을 보내다가 다른 나라가 침략을 해 와서 큰 어려움을 겪는 경우가 많거든요. 바로바로 문제를 고치고, 사회를 개혁하며 더욱 건강하고 발전된 단계로 나아가야만 위기를 극복할 수 있답니다.

: 시대의 흐름에 희비가 엇갈린 걸출한 두 여성 :

율곡 이이라고 들어 보았을 거예요. 퇴계 이황과 더불어 조선의 유학자 중 가장 유명한 인물입니다. 이황과 이이는 1,000원짜리, 5,000원짜리 지폐 때문에 더욱 익숙해요. 이이의 경우 어머니인 신사임당이 5만 원권 지폐의 인물로 선정되면서 크게 화제가 되었죠.

앞서 얘기했지만 신사임당은 뛰어난 예술가였어요. 고향은 강원도 강릉이고 인생의 대부분을 이곳에서 살았답니다. 강원도는 지금도 유명한 관광지이지만 조선시대에도 마찬가지였어요. 강릉은 관동8경 중 한 곳으로 경치가 유명해 많은 사람들이 이곳에 여행을 왔습니다. 수많은 유학자와 문인들이 이곳을 들러 여행기를 남겼고 조선 후기의 대표적인 화가 정선, 김홍도도 강원도와 관련된 걸작들을 많이 남겼습니다. 강원도에는 금강산이 있어서 인기가 정말 좋았어요. 한반도를 대표하는 명산을 누구나 보고 싶어 했거든요.

― 오죽헌과 줄기가 검은 대나무 숲의 모습 ―

오죽헌은 신사임당과 율곡 이이가 태어난 집으로, 뒤뜰에 있는 검은 대나무숲을 까마귀 오(烏) 자를 써서 오죽(烏竹)이라고 불러 지어진 이름이에요.

안타깝게도 지금은 강원도가 둘로 나뉘어 있지요. 남북한이 분단되었기 때문입니다. 금강산은 북한 쪽에 있기 때문에 통일전망대를 통해서 멀리서 바라볼 뿐이죠.

강원도를 대표하는 경치 중 첫 번째로 꼽히는 것이 강릉 경포대입니다. 경포대에 올라가면 강릉의 전경이 한눈에 들어와요. 특히 경포호수가 장관이에요. 호수 바로 앞에 바다가 있는 게 매우 독특하거든요. 경포대에서 멀지 않은 곳에 오죽헌이 있어요. 신사임당이 이이를 낳아 길렀던 곳이에요. 오죽은 줄기가 검은색인 대나무를 말합니다. 마당에 오죽이라는 대나무가 자랐기 때문에 오죽헌이라는 이름이 붙여진 거예요. 지금도 생가가 잘 보존되어 있고 오죽은 물론이고 이이가 태어나기 전부터 있던 나무가 아직 살아 있는 등 많은 볼거리가 있답니다.

오죽헌 근처에는 허난설헌의 생가가 있어요. 허난설헌은 신사임당과 더불어 조선시대를 대표하는 여성 문인입니다. 신사임당이 그림으로 유명하다면 허난설헌은 글로 유명해요. 당대 남성 문장가들을 뛰어넘는 탁월한 시를 썼기 때문이에요.《홍길동전》을 쓴 허균이 허난설헌의 남동생이었습니다. 허난설헌의 아버지 허엽은 평소에 두부를 좋아했대요. 그래서 동해 바다의 짠물을 이용해 직접 두부를 만들기도 했어요. 허엽 덕분에 지역 사람들이 두부에 대한 관심이 높아졌다고 해요. 허엽의 호가 '초당'인데 오늘날에도 초당 두부는 강릉의 대표적인 식품으로 꼽힙니다.

허 씨 집안은 매우 다복했어요. 형제들 간에 사이가 좋았고 함께 공부하면서 서로를 격려하는 우애 좋은 남매들이었지요. 가정

분위기가 좋았기 때문에 허난설헌은 일찍부터 글을 배우고 예술적인 능력을 기를 수 있었답니다. 하지만 결혼 이후의 생활은 너무나 힘들었어요. 신사임당과 허난설헌이 살아가던 시대가 수십 년밖에 차이가 안 나거든요.

이때 조선은 문화적으로 큰 변화가 있었어요. 유교 문화가 정착되면서 남성 중심 사회가 더욱 강화되었거든요. 대표적인 게 시집살이였어요. 신사임당 때만 하더라도 남성이 여성의 집에 가서 살았지만 허난설헌 때가 되면 '친영'제도라고 해서 여성이 남성의 집에 가서 살아가는 것으로 바뀐 거예요. 허난설헌의 시어머니는 허난설헌의 재능을 무시했어요. '여자가 무슨 글이냐.'라는 식이었죠. 그녀가 예술적 사고를 하고 시를 쓰는 것을 인정하지 않았습니다. 남편은 과거 공부를 핑계로 집을 멀리했는데 공부는커녕 다른 여자들을 만나서 놀기에 바빴답니다. 설상가상 자녀들마저 전염병으로 죽어 버렸어요. 삶이 너무나 고통스러웠던 허난설헌은 20대 후반의 나이에 일찍 죽고 마는데 유언이 "내가 쓴 모든 글을 불태워 버려라."였다고 합니다.

허난설헌의 동생 허균은 누나를 보고 마음이 너무 아팠어요. 허균은 허난설헌이 친정집에 남기고 간 글을 수집했고, 외워 두었던 누나의 시를 글로 적었습니다. 이렇게 모은 글을 책으로 냈어요. 동생 허균이 엮은 허난설헌의 시집《난설헌집》은 우리나라뿐 아니라 중국에서도 반응이 좋았고 나중에는 일본에까지 소개가 되었습니다. 만약 남편이 다정한 사람이었고 시댁의 분위기가 좀 더 좋았다면 오늘날 우리는 허난설헌의 글을 더욱 많이 읽을 수 있었을 텐데

> ### 힘겨운 여성의 삶을 노래한 난설헌집
>
>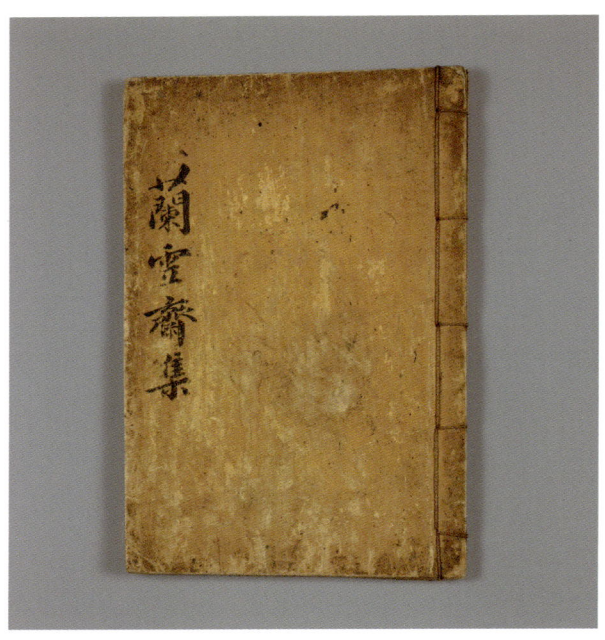
>
> 《난설헌집》은 허난설헌의 시와 산문을 엮은 책이에요. 추운 겨울에 손을 호호 불어가며 옷을 짓는 가난한 여자의 외로운 모습을 그린 시에서 현실에서 이루지 못한 꿈을 선녀가 되어 이루는 내용까지, 힘겹게 고통받는 여성들을 위한 시를 담고 있어요.

아쉽습니다.

허난설헌에 비해 신사임당의 결혼 생활은 행복했어요. 남편이 신사임당을 존중했고 신사임당은 창작 활동에도 열심이었지만 자녀들에게도 헌신적이었습니다. 신사임당의 아들 율곡 이이는 '조선의 천재'라고 불리는 인물입니다. 장원급제는 물론이고 소과에서 문과까지 모든 시험에 1등으로 합격했거든요. 조선왕조 500년 동안 유일한 기록을 세운 인물입니다.

공부만 잘하던 인물이 아니었어요. 이이는 성리학에 관심이 깊었답니다. 특별한 스승은 없었지만 자유분방하게 학문을 했어요. 한때는 불교에 심취해서 절에 들어갈 정도였죠. 이황과도 만난 적이 있는데 이황은 오히려 이이의 천재성을 걱정했다고 해요. 남들은 수년을 공부해도 이해하지 못하는 내용을 한 번에 알아들으니 오히려 경솔해질까 염려되었던 겁니다. 이이는 추후 이황과 더불어 조선의 성리학을 대표하는 양대 인물로 성장합니다. 오늘날에도 우리나라 유학을 대표하는 인물로 평가받죠.

이이는 학문만 뛰어난 게 아니었어요. 그는 세상을 바꾸고 싶어 했습니다. '학문을 왜 하는가. 결국 백성을 행복하게 하기 위해서 아닌가. 그렇다면 여러 사회문제를 해결하고 각종 개혁을 통해 조선을 더욱 부강하게 만들어야 하지 않겠는가.' 이런 생각을 품었던 이이는 항상 '실질적인 변화'를 강조했습니다. 말만 번지르르하게 하면서 별 내용이 없는 것 말고 한마디를 하더라도 정확히 사회를 분석하고 대안을 제시해야 한다고 보았습니다.

: 난세를 바로잡고자 고군분투한 율곡 이이 :

이이 때 조선의 국왕은 선조였습니다. 명종의 뒤를 이어 즉위했어요. 선조는 오랫동안 이어진 정치 관행을 고치고자 했습니다. 세조 때 한명회, 연산군 때 유자광, 중종 때 김안로, 명종 때 윤원형 등 특정 인물이 왕의 신임을 얻고 나라를 좌지우지했거든요. 선조 초기에는 이량이라는 인물이 권세를 휘둘렀답니다. 국왕에게 아첨하면서 신임을 얻고 그 대가로 권세를 누리는 인물이 계속 나왔습니다.

선조는 이량을 제거합니다. 그리고 이이, 류성룡 등 새로운 인물들을 대거 등용해요. 이황의 제자들이나 이이 같은 유능한 인물들과 새로운 정치를 펼치고 싶었던 겁니다. 드디어 간신이 활개를 치며 나라를 좀먹던 시대가 끝난 거예요. 이 부분에서 선조는 큰 업적을 세웠습니다. 이이 역시 이러한 흐름에 부응하면서 각종 개혁안을 제시하는 등 열심히 활동했답니다.

하지만 예상치 못한 문제가 발생해요. 새롭게 등용된 수많은 인재들이 적극적으로 국정에 참여해서 사회를 개혁하려고 노력하지 않았어요. 오히려 자기들끼리 패거리를 만들어요. '나는 이황의 제자다.', '나는 이이와 가까운 사이이다.', '나는 동인이다.', '나는 서인이다.' 이런 식으로 패를 나누어서 서로에게 시비를 걸고 싸움을 하느라 정신이 없었어요. 동인, 서인 식으로 패거리를 나누는 것을 '붕당'이라고 합니다. 그리고 붕당끼리 다투는 것을 '당쟁'이라고 해요. 사실 자연스러운 현상이에요. 사람들의 생각이 똑같을 수 없으니까요. 오늘날 민주주의 국가에도 정당이 있고, 각각의 정당이 주장하는 바가 다르니까요.

하지만 당시의 당쟁은 좋지 못한 방향으로 흘러갔어요. 좋은 정책을 제안해도 나와 다른 붕당의 주장이면 받아들이지 않았죠. 이이가 제안한 개혁안들도 마찬가지였어요. 이이의 개혁안 중 유명한 것이 '십만양병설'입니다. 10만의 훈련된 군대를 양성해서 국방을 든든히 하자는 주장이었어요. 십만양병설은 단순히 군대의 숫자를 늘리자는 게 아니에요. 세금 제도를 개선해 백성의 삶을 평안하게 해 주고, 농업 생산력을 높여서 백성이 풍요로운 삶을 살게 하자는 거죠. 이를 바탕으로 강력한 군대를 양성하자는 주장이었습니다. 하지만 상대 붕당은 이이의 주장을 받아들여 주지 않았어요. 폄훼하기 급급했죠. 이미 연산군 때부터 백성의 삶이 크게 어려워졌음에도 불구하고 그런 것에는 관심을 두지 않았답니다.

심지어 선조조차도 적극적이지 않았어요. 정치 개혁을 통해 새로운 인재를 등용했으면 그에 걸맞은 정책을 추진했어야 했는데 마치 중종이 조광조를 부담스러워했듯 선조 역시 이이를 좋아하지 않았습니다. 아무리 좋은 개혁안을 제시하더라도 실천하지 않으면 의미가 없잖아요? 상대 붕당에서는 이이를 시기·질투하고 있었고 이이의 동료들조차 국가 운영에 진정성이 부족했어요. 간혹 여진족이 침략해 오는 등 위기가 발생하면 선조가 급하게 이이를 이조판서나 병조판서에 등용하기도 했어요. 그러면 다른 신하들이 선조가 이이만 아낀다면서 엄청나게 공격을 했고요. 주변 사람들이 모두 이런 식이었으니 이이가 할 수 있는 것은 아무것도 없었습니다. 조정의 고위 관료가 되어서 20년 넘게 활발하게 활동을 했고, 지금 봐도 너무나 명쾌하고 명확하게 대안을 제시했음에도 불구하고 단하나의 정책도 제대로 추진할 수 없었죠. 십만양병설은커녕 1만의 정예 훈련병조차 만들지 못했답니다.

결국 이이는 아무런 업적도 이루지 못하고 세상을 떠나고 맙니다. 천재적인 능력을 가지고 있었고 뚜렷한 시대적 사명이 있었지만 국왕의 게으름과 무책임함, 동료 신하들의 시기·질투와 패거리 싸움에 휘말렸기 때문입니다. 정말로 중요한 때에 정말로 뛰어난 인재가 등장했지만 허송세월로 보내고 말았던 것이지요.

아무런 준비없이 맞닥뜨린 전쟁 임진왜란

전쟁의 위기는 어떻게 생기나요?

: 역사는 예상치 못한 문제들의 연속 :

우리는 모두 코로나19로 인해 여러 어려움과 위기를 경험했어요. 마스크를 써야 해서 마음껏 뛰어 놀지 못했고, 예전처럼 자유롭게 여행할 수도 없었답니다. 어른들의 삶도 마찬가지예요. 사람들이 돌아다니지 않으니까 쏨쏨이도 줄어들어 옷가게나 식당같이 길거리에 있는 가게들의 장사가 어려워졌죠. 가게들의 사정이 어려워지니 나라 경제도 좋지 못하고요. 코로나19라는 세계적인 전염병으로 인해 벌어지는 현상입니다.

코로나19가 우리나라만의 일은 아니잖아요? 중국 우한 지역에서 발생했다고 하는데 세계적으로 급속하게 번져나갔죠. 과거였다면 이런 속도로 퍼지지는 않았을 텐데 비행기를 비롯해 교통이 발달하고 어마어마한 수의 사람들이 세계를 돌아다니다 보니 전염병의 범위도 넓어진 거겠죠. 코로나19가 세계적으로 확산된 것은 세계화의 결과입니다.

이렇듯 한 사건이 여러 가지 요인들과 맞물려 예상치 못한 거대한 결과를 불러올 때가 있어요. 사람들은 나름대로 노력하지만 걷잡을 수 없는 역사의 소용돌이를 누그러뜨리기엔 역부족이죠. 이런 상황에 처하면 원치 않은 여러 어려움을 겪게 됩니다.

: 전쟁 준비에 열을 올린 도요토미 히데요시 :

1592년 조선왕조가 이성계와 정도전에 의해 건국된 지 꼭 200년이 되는 해에 전쟁이 일어납니다. 일본을 통일한 도요토미 히데요시가 가토 기요마사, 고니시 유키나가 등에게 조선 정벌을 명령합니다. 우선 조선을 정복하고 그 다음으로 명나라를 정복하겠다는 생각이었어요.

한반도에 조선이 건국되던 시점, 일본에는 무로마치 막부가 만들어졌어요. 덕분에 조선 초기 왜구도 많이 줄어들었죠. 막부가 들어서면서 사회가 안정되었거든요.

고려시대 때 일본에선 가마쿠라 막부가 세워지고 뒤를 이어 무로마치 막부가 들어섭니다. 사무라이라고 불리는 무사들이 나라를 다스렸어요. 우리나라는 고려 시대 때 무신 정권이 있기는 했지만 그렇다고 하더라도 국가 운영의 대부분은 문신들이 했거든요. 고려 말에 최영, 이성계 같은 신흥 무인 세력이 등장했지만 조선왕조는 철저하게 문신들이 다스리는 국가가 되었고요. 하지만 일본은 계속해서 무사들이 국가를 다스렸답니다.

무로마치 막부는 조선처럼 안정적으로 발전하지 못했어요. 막부가 건설된 지 100여 년 만에 전국시대라는 혼란기에 들어섭니다. 각지에서 무사들이 자신만의 군대를 거느리고 세력 다툼을 벌였답니다. 무려 100년 동안이나 싸움이 지속되었습니다. 결국 도요토미 히데요시가 모든 경쟁자를 물리치고 일본을 통일합니다. 도요토미 히데요시는 자신만만했어요. '일본을 통일했는데 까짓것 조선쯤이야! 조선부터 점령하고 명나라를 점령해 동아시아 전체를 통일하겠다!'라고 생각했던 겁니다.

: 전쟁을 막을 최후의 기회를 놓친 조선 :

조선에서도 짐작은 하고 있었어요. 특히 쓰시마섬에서 연락이 많이 왔습니다. 쓰시마섬은 일본의 영토임에도 불구하고 조선에 가까웠어요. 조선과의 무역을 통해 먹고살았거든요. 만약 일본과 조선이 전쟁을 하면 쓰시마섬은 전쟁 기지가 될 것이고 엄청난 고통을 당할 것이 뻔했습니다. 조선에서는 김성일과 황윤길을 파견해 일본을 시찰합니다.

그런데 돌아와서 두 사람이 전혀 다른 이야기를 합니다. 김성일은 도요토미 히데요시를 무시했고 일본의 군사력을 얕잡아 보았답니다. 전쟁 가능성이 없다는 거죠. 하지만 황윤길은 정반대의 주장을 합니다. 도요토미 히데요시는 뛰어난 지도자이고 일본은 조선을 침략하기 위해 대규모의 군사 원정을 준비하고 있다고 생각했습니다.

왜 두 사람은 전혀 다른 주장을 했을까요? 당쟁 때문입니다(182쪽 표 참고). 선조가 집권한 이래 사림파들은 급격하게 분열했어요. '나는 이황의 제자이니까 남인이다.', '나는 조식의 제자이니까 북인이다.', '나는 이이와 친하니까 서인이다.' 이런 식으로 패거리를 나누게 된 거예요. 처음에는 남인과 북인이 한편이었고 동인으로 불렸답니다. 하지만 시간이 지나면서 남인과 북인으로 나뉘게 돼요. 조선 후기가 되면 서인 역시 노론과 소론으로 나뉘고요.

참 답답한 상황이었죠. 이황과 조식은 동갑내기였습니다. 모두 경상도 사람이었고요. 둘 다 훌륭한 유학자였답니다. 생각에 차이도 있었지만 서로를 존중하며 인정해 주던 사이기도 했죠. 그런데 그의 제자들은 자신들의 스승이 더 훌륭하다면서 서로를 비난했습니다. 이이의 경우 이황이나 조식에 비해 한참 어리지만 이황이 인정할 정도로 뛰어난 유학자였죠. 이이 또한 이황을 존경했고요. 하지만 이이의 동료들은 이황의 제자들을 무시하고 비판했습니다. 이황의 제자들 역시 이이에 대해 비난을 일삼았고요. 매번 이런 식이었기 때문에 전쟁을 대할 때도 같은 자세였던 거죠.

김성일은 남인이었고 황윤길은 서인이었어요. 사실 김성일 또한 전쟁 위기를 감지했어요. 하지만 서인인 황윤길이 전쟁의 위협을 경계하자 무작정 반대를 한 거예요. 임진왜란이 터진 후 김성일은 의병을 일으키는 등 적극적인 활동을 합니다. 하지만 그의 어리

임진전란도

임진왜란 당시 부산 다대포진과 부산진 성에서 벌어진 치열한 전투 장면을 그린 그림이에요. 조선군에 비해 왜군의 수가 훨씬 많은 걸로 보아, 조선의 전투력이 약했다는 것을 알 수 있어요.

―― 왜군의 주요 침입로 ――

석음을 되돌릴 수는 없었죠.

당시 조정에서는 동인의 힘이 강했어요. 그래서 김성일의 주장대로 전쟁은 일어나지 않을 것이라고 대충 판단을 한 거예요. 당연히 전쟁을 대비하지 않았죠. 그리고 전쟁이 터졌답니다. 너무나 비참한 패배를 계속했어요. 경상도 바다를 지키던 원균은 자신이 타고 있던 배 한 척을 제외하고 모두 잃었습니다. 부산에 상륙한 왜군은 서울까지 진격하면서 승승장구를 했습니다. 많은 전투를 치르지도 않았어요. 율곡 이이의 경고대로 군사력을 강화하지 않았기 때

> **연전연패**
> 싸울 때마다 계속해서 지는 것을 뜻해요.

문에 싸울 군대가 없었습니다. 10만 명은 커녕 5,000명 정도의 군사만이 있었는데 오합지졸이었죠. 지역의 수령들은 백성을 보호하기는커녕 싸우지도 않고 도망치기에 급급했습니다.

연전연패를 했어요. 중앙에서는 신립 장군을 파견해서 충청북도 충주의 탄금대라는 곳에 방위선을 만듭니다. 하지만 조총에 대비하지 못한 조선 군대는 무참하게 패배하고 말았어요. 충주 일대의 험준한 지형을 이용하지 않고 평지에서 기병을 동원해 적을 공격하려 했지만 처참하게 실패하고 말았답니다. 말이 달리는 속도보다 총알이 빨랐으니까요.

선조를 비롯한 관료들은 한양을 포기하고 평양으로 도망갑니다. 그리고 다시 의주로 도망을 가요. 그 사이에 왜군은 한양과 평양을 점령하고 함경북도까지 군사를 몰고 올라갑니다. 전 국토가 왜군의 수중에 넘어간 거죠. 너무나 무능력한 대처에 백성들이 분개했어요. 일부 백성은 경복궁에 몰려가 불을 질렀다고 합니다. 한양과 평양을 뺏기는 데까지 채 두 달이 걸리지 않았어요. 전 국토의 3분의 2를 빼앗기는 동안 단 한 번의 제대로 된 전투를 치르지 못했고 맥없이 패하고 말았던 거죠.

: 서양의 조총으로 군사력을 보강한 일본의 야욕 :

임진왜란 초기에 일본이 승승장구한 배경에는 또 다른 이유가 있습니다. 당시 유럽에서는 탐험가들이 세계를 향해 뻗어 나가고 있었습니다. 포르투갈 상인들은 대서양을 가로질렀어요. 바르톨로뮤 디아스가 아프리카 최남단에 있는 희망봉에 도달했답니다. 그리고 바스쿠 다가마는 인도양을 가로질러 인도에 도착했습니다. 같은 시기 콜럼버스는 아메리카 대륙을 발견합니다. 유럽인들은 대서양, 인도양, 태평양 같은 거대한 바다에 도전했고 끝내 바다를 이기고 아시아와 아메리카에 도착했습니다. 인도에 도착한 포르투갈 상인들은 동남아시아를 거쳐 중국까지 찾아옵니다. 동남아시아의 요충지인 말라카를 점령하였고 남중국해를 가로질러서 마카오까지 개척했어요. 뒤를 이어 네덜란드 상인이 등장합니다. 네덜란드 상인은 포르투갈 상인과의 경쟁에서 승리를 거두어요. 네덜란드 상인들은 오늘날 자카르타에 자리를 잡고 일본까지 진출합니다. 당시 세계 최대의 수출국은 중국이었답니다. 중국산 비단, 도자기 등에 유럽인들이 열광했지요. 중국의 비단과 도자기를 사려면 은이 필요했어요. 공교롭게도 당시 일본에서는 은이 많이 생산되었습니다. 네덜란드 상인들은 중국산 비단과 도자기를 사기 위해 일본에 가요. 조총이나 자명종 같은 기계를 일본에 팔고 그 대가로 은을 받았어요.

네덜란드 상인들의 방문을 통해 일본인들은 새로운 세계에 눈을 뜨게 되었습니다. 우선 지리에 대한 이해가 넓어졌어요. 그동안은 조선과 중국 그리고 중국 근처에 있는 몇 개의 나라 정도만 알고 있었죠. 하지만 동남아시아에 대해서도 자세히 알게 되고 유럽인들과의 교류도 깊어지죠. 새로운 문물이 소개되고 일본 문화 또한 빠르게 발전합니다.

임진왜란 당시의 무기들

- 임진왜란 때 일본군이 사용했던 개인용 무기예요.

- 승자총통: 조선시대 개인 화기로, 여진족을 토벌(1583)할 때 큰 역할을 했어요. 조총에 비해 사격 속도가 느리고 정확성이 떨어졌습니다.

- 천자총통: 임진왜란 때 사용하던 화포 중 가장 커요.

- 현자총통: 임진왜란 때 가장 많이 사용한 화포예요. 천자총통이나 지자총통보다 작아서 만들기가 쉽고 화약도 적게 드는 반면 성능은 비슷했어요.

    당시 대표적인 상품이 조총이었어요. 활을 능가하는 혁신적인 신무기였습니다. 활보다 멀리 나가고 활보다 쉽게 사람을 죽였거든요. 하지만 단점이 있었습니다. 총을 쏜 후 화약을 장전하는 데까지 시간이 오래 걸렸어요. 활은 화살을 계속 장전하면서 쏠 수 있지만 총은 그렇지 못했어요. 하지만 일본인들은 새로운 아이디어를 통해 조총의 약점을 보완합니다. 조총을 든 병사들이 세 줄로 서요. 그리고 제일 앞에 선 병사가 총을 쏜 후 앉습니다. 그러면 두 번째 줄 병사가 총을 쏘고 앉아요. 다음으로 세 번째 줄 병사가 총을 쏩니다. 두 번째 병사가 총을 쏘는 동안 첫 번째 줄 병사는 화약을 채워 넣고 장전을 마치죠. 세 번째 병사가 총을 쏘고 나면 첫 번째 병사가 다시 총을 쏩니다. 이런 식으로 계속 장전을 이어 가면 총알이 연발로 날아가는 것처럼 됩니다. 새로운 전투 기법이 등장한 거예요.

일본은 전국시대 100년간 오랜 전투를 치렀습니다. 그러니 병사들이 싸움을 잘할 수밖에 없었어요. 더구나 조총 기술까지 들어오니 기병과 보병 외에 총병이 추가됩니다. 이에 반해 조선은 아무 대비도 없었을 뿐더러 신무기는커녕 평소에 체계적인 군사 훈련을 진행하지도 않았습니다. 일본은 무사 사회라 일반인들 대부분이 싸움을 잘했다면 조선은 유사시에 농민을 동원하는 형태라 전투에서 무사를 상대로 이기기 쉽지 않았겠죠?

조선이 오랜 기간 정쟁과 당파 싸움을 일삼는 동안 일본은 군사력을 확충했습니다. 그리고 전쟁이 터지자 준비가 부족했던 조선은 일방적으로 패배할 수밖에 없었답니다.

임진왜란 극복의 원동력

보잘 것 없는 전력의 조선은 어떻게 왜군을 물리쳤나요?

: 공동체 의식이 강한 한민족의 저력 :

2007년 태안반도에서 유조선이 충돌하면서 엄청난 양의 기름이 유출되는 사고가 일어났습니다. 태안반도 앞바다가 시커멓게 변했어요. 생물들이 떼죽음을 당했고 바다와 해변이 검은 기름으로 가득 찼습니다. 간혹 이런 사건이 발생합니다. 멕시코에서도 비슷한 사고가 난 적이 있었고요.

당시 우리 국민의 대응이 국제적인 화제가 되었죠. 백만 명이 넘는 국민들이 직접 시간을 내고 돈을 들여 태안반도까지 내려갔어요. 닦을 거리를 구해 가지고 일일이 청소한 끝에 태안반도는 원래의 모습을 찾을 수 있었답니다. 전 세계가 놀랐던 사건이에요. 이렇게 많은 사람들이 열의를 가지고 문제를 해결하는 모습에 충격을 받은 거죠.

이때뿐이 아니랍니다. 1920년대 때는 물산장려운동을 1998년 외환위기 때는 금 모으기 운동을 통해 힘을 모아 국가적 어려움을 극복하려고 노력했습니다. 1998년에는 우리나라에 달러를 비롯하여 외국 돈이 부족한 상황이 생기면서 경제적으로 어려웠거든요. 그때는 국민들이 자발적으로 금을 모아서 이 문제를 해결하려고 했던 거예요. 1920년대에는 우리 민족이 세운 기업에서 만들어진 물품을 구매해서 민족의 어려움을 극복하려는 운동이었는데, 이 또한 여파가 대단했어요. 강력한 민족의식과 공동체 의식이 있었기 때문에 가능했던 사건이랍니다.

임진왜란 초기에는 상황이 너무나 어려웠지만 조선은 차근차근 수습하기 시작합니다. 우선 의병들의 활약이 대단했어요. 각지에서 많은 사람들이 재산을 내놓고 사람들을 모았어요. 의병이 가장 많을 때는 5,000명을 넘었다고 해요. 당시 관군과 맞먹는 숫자였습니다. 고경명과 김천일은 전라도에서, 조헌은 충청도에서, 정문부는 함경도에서 그리고 사명대사, 서산대사 같은 승려 의병까지 전국 각지에서 수천의 사람들이 나라를 지키기 위해 결집했답니다. 그중 가장 유명한 인물은 홍의장군 곽재우예요. 처음으로 사람을 모아 의병 활동을 시작했고 경상도 일대에서 왜군과 격전을 벌였습니다.

: 왜군의 식량 보급선을 끊은 곽재우와 이순신 :

곽재우는 신출귀몰한 작전을 통해 왜군을 곤란에 빠뜨리며 영천, 예천, 문경 등지에서 여러 차례 승리를 거두었습니다. 그중 가장 유명한 사건은 진주성 전투예요. 왜군이 부산에 상륙을 했잖아요? 부산에서 경상도, 충청도를 가로질러 서울과 평양을 점령했거든요. 짧은 시간에 이루어낸 엄청난 승리였지만 문제가 있었어요. 군대가 북쪽까지 올라왔기 때문에 본국과의 거리가 멀어지면서 식량 보급선이 너무 길어진 거예요. 왜군 입장에서는 한반도에서 새로운 식량 보급 기지를 찾아야 했습니다. 한반도의 전통적인 곡창지대는 전라도예요. 전라북도 일대의 호남평야가 대표적입니다. 왜군이 장기 주둔을 하고 조선을 점령하려면 전라도를 점령하는 게 핵심이었어요.

부산에 진을 친 왜군이 전라도를 점령하려면 진주를 거쳐서 남원, 전주 쪽으로 나아가야 하거든요. 그러니 우선 진주를 점령해야만 했어요. 당시 진주성은 관군을 이끌던 김시민 장군과 의병 지도자 곽재우가 함께 수비를 했습니다. 두 차례 격렬한 접전이 있었어요. 첫 번째 전투에서는 치열한 싸움 끝에 왜군을 물리치는 데 성공했습니다. 두 번째 전투에서는 끝내 패배했지만 엄청난 저항을 했기 때문에 왜군이 이기고 나서도 물러나고 말았어요. 피해가 컸기 때문에 군대를 수습해야 했거든요. 김시민 장군은 전투 도중에 전사하고 말았지만 이를 통해 왜군이 전라도로 들어가는 길을 막아냈답니다.

바다에서는 이순신 장군의 부대가 큰 활약을 펼쳤어요. 일본 수군은 남해를 거쳐 서해로 진입해야만 했어요. 역시 식량 보급 문제 때문입니다. 물자를 싣고 남해를 통해 서해로 들어가서 한양이나 평양으로 가야만 했으니까요. 하지만 이순신 장군이 이끄는 조선 수군은 수차례의 전투에서 모두 승리를 거둡니다. 그중에 가장 유명한 전투는 한산도대첩과 명량해전입니다. 이순신 장군은 신중했어요. 당시 우리 수군은 군사력이 약했거든요. 새로운 기술이 개발되지 못했으니까요. 판옥선, 거북선 같은 주력 함대도 그렇고 천자총통, 지자총통 같은 화포 역시 조선 전기 때 개발된 것들이랍니다. 왜군 배는 판옥선보다 속도가 빨랐어요. 빠른 속도로 배를 몰고 오면서 조총을 쏘고, 배가 가까워지면 갈고리로 배를 묶은 후에 우리 배로 넘어와 장검을 휘둘렀답니다.

이순신 장군은 대안을 생각했어요. 우선 작전을 하기에 적절한 바다를 신중히 골랐습니다. 우리 수군의 기동력이 떨어졌기 때문에 좁은 해협보다는 넓은 바다를 선호했습니다. 일본 수군이 접근전을 선호했기 때문에 이순신 장군은 원거리 공격을 했어요. 대포의 사정거리가 조총보다 멀었기 때문에 이를 이용한 거예요. 멀리서 대포를 쏴서 조총을 무력화시킨 다음에 판옥선과 거북선이 저돌적으로 밀고 들어가고 포와 활을 쏘아 대면서 적군을 무너뜨리는 전법입니다. 그런 방식으로 크게 성공을 거두었던 전투가 한산도대첩이었어요. 적의 장점을 약화시키고 우리의 강점을 극대화시켰답니다.

이순신이 조선 수군을 이끌면서 남해를 장악하니까 왜군의 발이 묶였어요. 앞에서 얘기했듯 남해를 통과해야 서해를 이용할 수

전국의 의병 활동지와 주요 전투

있는데 그게 불가능해진 거죠. 육지에서는 의병과 관군이 연합하여 전라도를 비롯한 곡창지대를 지켜내는 데 성공했고 바다에서는 이순신이 있었기 때문에 왜군의 작전에 문제가 생긴 거예요.

더욱 극적인 사건은 명량해전입니다. 이순신의 활약이 커지니까 질투하는 사람들이 생겨났어요. 대표적인 인물이 경상도 수군을 이끌던 원균이었습니다. 원균은 전투 초반에 모든 배와 군사를 잃었던 인물이에요. 평소에 술을 즐겼고 성급한 성격에 무모한 작전을 자주 제안했죠. 덕분에 이순신에게 비판을 많이 받았어요. 원균은 이순신을 싫어하는 사람들을 규합하고 선조를 비롯하여 조정의 높은 인물들에게 나쁜 소문을

규합
어떤 일을 꾸미려고 세력이나 사람을 모으는 것을 말해요.

퍼뜨리기 시작했습니다. 더구나 선조의 태도 또한 비정상적이었어요. 그는 의병과 이순신을 경계했습니다. 조선의 국왕임에도 불구하고 전란이 일어났을 때 리더십을 발휘하지 못했고, 기껏해야 의주로 피난을 갔을 뿐이니까요. 선조는 의병의 충성심을 의심했고 의병 총대장이었던 김덕령을 죽이기까지 했답니다. 이순신에게는 무모한 명령을 내렸어요. 우리 수군의 힘이 객관적으로 왜군에 비해 약함에도 불구하고 빨리 부산에 쳐들어가서 왜군 수군을 끝장내라는 명령이었습니다. 이순신은 받아들이지 않았습니다. 무모한 작전은 조선 수군을 위험에 빠뜨릴 수 있고 그렇게 되면 육지에서의 싸움에도 좋지 못한 영향을 미칠 수 있었거든요.

　선조는 이순신 대신 원균을 총사령관으로 임명합니다. 왕의 명령을 거부한 이순신을 모질게 고문했고 백의종군, 즉 벼슬을 내려놓고 병졸 신분으로 싸울 것을 명령합니다. 단 한 번의 패배 없이 조선의 바다를 지키던 이순신은 하루아침에 병졸로 전락해 온갖 고생을 다하게 됩니다. 그리고 원균은 무모한 행동을 저지릅니다. 조선 수군을 모두 이끌고 부산에 쳐들어간 거예요. 대비를 하고 있던 왜군에 의해 조선 수군 전체가 패배를 하고 맙니다. 원균도 이 해전에서 전사를 하고 말았답니다.

　급하게 선조는 이순신을 총사령관으로 다시 데려왔습니다. 남아 있는 배가 12척 밖에 없었어요. 무기도 무기였지만 앞선 전투에서 대패를 했기 때문에 병사들의 사기가 이만저만이 아니었죠. 장군들조차 자신감을 잃고 도망가고 싶어 했을 정도니까요. 이순신은 전라남도 진도 근처에 울돌목이라는 험한 해협을 이용해서 전투를

이순신 장군의 활약

벌입니다. 앞장서서 싸우면서 수시로 장군들을 설득했어요. 대장군이 앞장서서 나가니까 여러 장군과 병사들이 도망가지도 못하고 억지로 싸우다시피 했습니다. 그러나 좁은 해협을 통해 왜군 배들이 한꺼번에 달려들지 못하게 하고, 대장군이 앞장서서 일본 수군을 무너뜨리면서 기세가 바뀌었습니다. 결국 조선 수군이 극적으로 승리를 거두었죠.

오늘날 전라도에 가면 이순신 장군의 승전을 기념한 많은 공원들이 있습니다. 한산도는 경상남도 통영 앞바다에 있는 섬이에요. 현재는 이순신 공원이 조성되어 있어요. 이순신 공원 바로 앞에 있는 섬이 한산도거든요. 공원에서 바라보면 당시 조선 수군과 왜군의 결전을 상상할 수 있습니다. 이순신 장군이 첫 승전을 거둔 옥포해전은 거제도에서 벌어졌어요. 역시 공원이 조성되어 있는데 앞에

── 판옥선과 거북선 ──

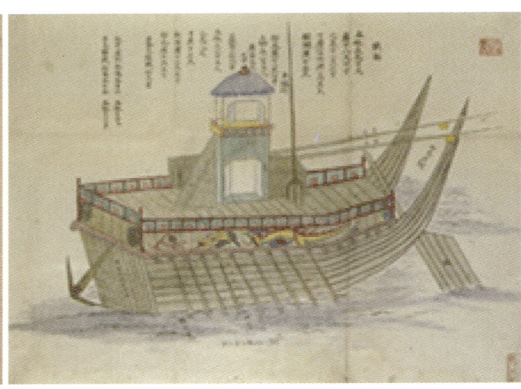

- 왼쪽: 이순신 장군의 종가에 내려오는 거북선 그림으로, 머리와 꼬리가 표범 모양인 것이 새로워요.
- 오른쪽: 판옥선의 가장 큰 구조적 특징은 기존의 갑판에 갑판을 하나 더 올린 이중 갑판이라는 점이에요. 위쪽에는 장수가 올라가 지휘하는 공간인 '장대'가 있어요.

는 거대한 조선소가 있습니다. 당시에는 나무로 된 판옥선을 만들었다면 현재는 강철로 된 다양한 배가 이곳에서 만들어지고 있죠. 이 밖에도 이순신 장군이 마지막으로 싸웠던 노량해전의 무대 관음포라든지 진도 울돌목이라든지 여러 곳에 다양한 기념 시설들이 있답니다.

: 천신만고의 노력 끝에 간신히 지킨 조선 땅 :

의병과 수군만 활약한 것이 아니에요. 육지에서는 권율 장군이 행주대첩에서 큰 공을 세우면서 관군의 사기가 되살아납니다. 오랫동안 우호 관계를 유지해 온 명나라 역시 조선을 돕기 위해 참전합니다. 평양성을 수복하는 데 명나라의 공이 컸습니다. 명나라 군대는 오랫동안 왜구를 상대했기 때문에 왜군의 특성에 대한 이해가 높았고 신무기나 새로운 전술을 많이 들여와서 조선군에게 큰 영향을 미쳤답니다. 이때 비격진천뢰 같은 신무기가 개발되기도 했어요. 요즘으로 말하면 수류탄과 비슷한 방식인데, 쇠뭉치가 터지면서 단숨에 여러 사람을 죽였습니다.

7년의 전쟁 동안 정말 많은 일이 있었어요. 왜군의 저항이 거세지니까 명나라 군대는 싸우기를 주저했어요. 어차피 남의 나라 전쟁이니까 사력을 다하지 않았던 거예요. 민가를 약탈하거나 조선에 과도한 군량미를 요구하는 등 문제도 많이 일으켰습니다. 3년간 휴전 회담이 진행되기도 했지만 합의에 도달하지 못하기도 해요. 이 와중에 조선군은 명나라 군대와 연합작전을 펼치기도 하고 독자적인 전투를 치르기도 하는 등 동분서주하면서 왜군에 타격을 입혔습니다. 마침내 전쟁을 일으킨 일본의 지배자 도요토미 히데요시가 후계자 없이 죽고 맙니다. 사정이 이렇게 되자 전쟁을 일으켰던 왜군이 본국으로 돌아갈 수밖에 없었어요. 왜군이 후퇴하는 가운데 다시는 조선을 넘볼 수 없게 이순신이 싸움을 겁니다. 노량해전에서 왜군을 격퇴한 사건인데 안타깝게도 이순신 장군은 이곳에서 전사를 하고 맙니다. 수많은 사람들의 치열한 노력 끝에 조선은 무려 7년의 시간을 싸우면서 끝내 일본을 몰아낼 수 있었습니다.

한때의 어진 왕 광해군

잘못을 성찰하는 일은 왜 중요한가요?

: 전쟁에 뒤따라야 하는 뼈아픈 자기 성찰 :

임진왜란은 조선 중기에 터진 정말 큰 사건이잖아요? 앞서 이야기했듯 여러 어려움이 있었고 또한 함께 힘써 노력했기 때문에 전쟁을 이겨 낼 수 있었답니다. 그런데 조금 더 깊게 생각할 필요가 있어요. 전쟁이 일어났고, 결국 우리가 이겨 냈다는 것으로 결론을 내리는 것은 좀 단순한 생각이잖아요?

전쟁이 일어났고, 많은 사람들이 큰 상처와 아픔을 겪었을 테니, 그 아픔과 상처에는 어떤 것이 있을까? 생각해 보는 거예요. 치열하게 싸웠지만 패배할 수밖에 없었던 속상함과 비통함, 믿었던 지도자가 위기에 빠진 나라와 백성을 버리고 홀로 내빼 버린 모습을 보며 느끼는 배신감과 분노, 기적적으로 사람들을 모은 후 잘 짜인 전략으로 적을 몰아냈을 때의 짜릿함과 기쁨, 왜군에 의해 가족을 잃거나 노예가 되고 만 자들의 비탄함과 끔찍한 고통…. 무려 7년 동안이나 지속된 전쟁이고 전 국토가 유린을 당했기 때문에 참으로 많은 일들이 있었을 거예요. 그저 단편적인 사실 관계만 짚고 넘어가기보다는 당시 사람들의 마음을 헤아려 보고, 다양한 상상을 해 보는 것이 훨씬 유익한 과정이라는 생각이 듭니다.

> **유린**
> 사람이나 사물의 인격이나 권리를 짓밟는 행위를 뜻해요.

임진왜란 당시 총지휘관 역할을 했던 류성룡은 전쟁이 끝난 후 《징비록》이라는 책을 썼어요. 냉정하고 날카롭게 '왜 우리가 전쟁에 졌는가.'를 분석한 책이랍니다. 당시 문제들에 대해 너무나 솔직하고 자세하게 썼기 때문에 한 때는 금서로 분류되기도 했답니다. 류성룡은 관료들의 태도를 문제 삼았어요. 준비가 되지 않고 자신의 책무를 다하지 못한 관료들이 일으키는 문제를 숱하게 보았거든요. 전쟁이 발생했는데 책임감 있게 병사를 모으고 싸움에 들어가지 않는 거예요. 백성들에게는 사실을 알리지도 않고 가족들과 도망을 친다든지, 아니면 상황을 냉정하게 생각하지 않고 무작정 백성들에게 피난을 가라고 하면서 제대로 된 대응을 하지 않는다든지 많은 문제를 일으켰어요. 심지어 함부로 판단하고 사람을 죽이는 경우도 많았죠. 군인들이 명령에 따라 이동을 하는데 근거도 없이 첩자라고 판단하고 체포해 죽

> **금서**
> 출판이나 독서를 법적으로 금지한 책을 말해요.

이는 등 황당한 일을 벌이기도 했어요. 류성룡은 이 부분을 냉정하게 비판했습니다.

　류성룡은 자력으로 왜군을 막아 내지 못한 것에 대해서도 자책했어요. 평소에 국방을 든든히 하지 못했기 때문에 왜군에 처참하게 당했고 군사력이 부족하니까 명나라에 도움을 요청할 수밖에 없었잖아요. 하지만 명나라 군대는 조선 군대처럼 열성을 다해 싸우지 않았고 특히 벽제관 전투에서 패배한 이후부터는 좀처럼 전쟁에 나서지 않았어요. 조선이 원치 않던 휴전 회담을 3년이나 질질 끌었고 심지어 왜군 장군들과 몰래 내통을 하기까지 했습니다. 힘이 없다는 것, 스스로를 지킬 능력이 없다는 것 앞에서 류성룡은 너무나 속상해했습니다.

　같은 시기, 강항이라는 유학자가 있었어요. 전라도 일대에서 관군을 도와 군량미를 수송하는 등 활발한 활약을 펼치다 왜군에 생포되었습니다. 그는 《간양록》이라는 책을 남겼는데, 일본으로 끌려가서 겪은 여러 고초에 관하여 상세히 적어 놓았답니다. 아이가 아프다고 우니까 바다에 던져 버리는 왜군, 그것에 제대로 항의도 못하고 숨죽이고 있는 부모들, 피난 도중에 가족을 잃고 헤매는 어린 아이들, 부모와 아내가 죽고 홀로 남아 비통한 마음으로 펑펑 우는 남편 등 임진왜란은 너무나 많은 이들에게 상처를 남겼어요. 강항은 간신히 포로 생활에서 벗어나 조선으로 돌아올 수 있었습니다. 하지만 그러지 못한 사람들이 훨씬 많았어요. 일본 군대에 강제로 끌려가서 하급 무사가 되거나 노예가 되어서 여기저기 팔려 다니기도 했습니다. 그 숫자를 정확히 알 수는 없지만 적어도 수만 명의 사람들이 고통을 당한 것은 분명해요.

간신히 조선으로 돌아온 강항은 국방력을 강화할 수 있는 여러 계책을 정리합니다. 삼국시대부터 조선 시대까지 우리나라의 방어 전략은 비슷했습니다. 전쟁이 나면 산성으로 대피해서 산에서 싸우는 전략이었어요. 또한 평소에는 농사를 짓다가 전쟁이 나면 군인이 되어 싸우는 방식이었죠. 강항은 이러한 방식에 대해 비판적이었어요. 일본을 가 보니 전투를 전문적으로 담당하는 무사 계층이 따로 있는 거예요. 전술과 전법도 차이가 컸고 평지에 거대한 성을 짓는 것도 보게 됩니다. 강항은 우리 역시 전문적인 전투를 담당하는 군대를 별도로 양성하고 일본의 축성술이나 여러 군사 문화를 배워야 한다고 강조했습니다. 너무나 큰 고통을 겪었기 때문에 나온 발상이라 할 수 있죠.

> **축성술**
> 성을 쌓는 기술을 말해요.

: 광해군의 화려한 시작 :

한편 조정에서는 선조가 죽고 뒤를 이어 광해군이 즉위합니다. 광해군은 총명한 군주였어요. 아버지와는 다르게 임진왜란 당시 적극적으로 왜군과 맞섰습니다. 목숨을 걸고 왜군이 점령한 지역을 순회하면서 의병 활동을 독려했고 흐트러진 민심을 바로잡았으며 피해 입은 백성들을 돕기 위해 많은 노력을 했어요. 왕이 된 다음에도 똑같았습니다. 당시 허준이라는 뛰어난 의학자가 《동의보감》이라는 의서를 쓰고 있었는데 적극 후원해서 완성을 도왔습니다. 백성의 근심거리였던 세금 제도도 개혁하는 등 백성을 위한 정책을 적극적으로 추진했어요.

당시 일본은 또 한 번 큰 변화를 겪어요. 도요토미 히데요시가 죽은 이후 무사들 간의 격렬한 전쟁 끝에 도쿠가와 이에야스가 권력을 장악해요. 그는 에도 막부를 세웠습니다. 에도 막부는 조선과 우호적으로 잘 지내기를 희망했죠. 광해군은 이에 동의하며 왜인들과의 관계를 정상화합니다. 부산에 왜관도 들어서고 외교 사절을 파견하는 등 여러 노력을 기울입니다. 물론 반대가 심했어요. 우리에게 크나큰 해악을 끼친 일본과 관계를 회복하는 것에 많은 사람들이 동의를 하지 않았죠. 하지만 전쟁의 참상을 목도한 광해군의 생각은 달랐어요. 그는 혼란을 수습하고 전쟁의 재발을 막으며 포로로 끌려간 이들을 데려오기 위해서는 에도 막부와의 관계를 회복하는 게 중요하다고 보았답니다. 이밖에도 조총과 일본도를 연구하는 등 군사력을 개선하고자 노력했습니다.

무엇보다 그는 중립외교라는 탁월한 외교 정책을 추진했어요. 당시 만주에는 여진족의 지도자 누르하치가 세운 후금이라는 나라가 등장했는데 날이 갈수록 강성해지면서 명나라를 압도하기 시작합니다. 오랜 기간 명나라가 주도해 온 동아시아 외교 질서가 흔들리기 시작한 거예요. 명나라는 후금을 무너뜨리기 위해 군사를 요청하는 등 조선에 적극적인 도움을 구합니다. 하지만 임진왜란이 끝난 지 얼마 되지 않은 상황이어서 도와주기에는 너무나 어려운 형편이었어요. 더구나 명나라는 만력제라는 무능한 황제가 등장해서 나라를 엉망으로 만들고 있었습니다. 광해군은 명나라와 후금 사이에서 두 나라 모두와 사이좋게 지내면서 슬기롭게 갈등을 풀어 나갔습니다.

: 피바람으로 끝난 광해군의 비참한 말로 :

하지만 시간이 지날수록 광해군은 변해 갔어요. 권력을 북인들에게 몰아준 겁니다. 초기에는 서인, 남인, 북인을 골고루 등용했고 유능한 인재들을 중심으로 국가를 운영했습니다. 그러나 시간이 흐르면서 이이첨에게 모든 권력을 쥐어 주고 북인 독재 정치를 허용했어요. 당연히 붕당 간에 사이가 매우 나빠졌죠. 권력을 쥔 이이첨이나 북인이 통치를 잘하지 못하면서 조선은 또 다시 흔들리기 시작합니다.

이 와중에 광해군은 건설 사업에 매달려요. 임진왜란 당시 경복궁, 창덕궁 등 조선의 궁궐이 모두 불탔거든요. 그런데 광해군은 조선의 정궁인 경복궁은 복원하지 않고 다른 궁궐만 복원합니다. 더구나 창덕궁을 복원했음에도 불구하고 궁궐 짓기를 멈추지 않았어요. 백성들을 동원해서 이 궁궐, 저 궁궐 계속 짓기만 한 거예요. 참으로 이상한 노릇이죠. 백성들은 강제로 끌려와서 대가를 받지도 못하면서 노역에 시달렸습니다.

> **노역**
> 몹시 괴롭고 힘들게 일하는 것을 말해요.

시간이 지날수록 광해군은 폭정을 일삼았습니다. 사람들을 너무 많이 죽였어요. 여기저기에서 들어오는 정보들을 정확히 판단한 후 나쁜 음모를 꾸미는 사람들만 골라서 처벌을 해야 하잖아요? 광해군은 들어오는 정보들을 무작정 믿었고 누군가 나쁜 음모를 꾸민다는 소리만 들리면 앞뒤 가리지 않고 처벌했답니다. 그러다 보니 오히려 나쁜 정보가 더욱 많아지기 시작했고 광해군은 이러지도 저러지도 못하는 상황에 빠지게 됩니다. 냉정하게 상황을 판단한 뒤 적절하게 대처하지 못하고 일단 칼부터 휘둘러 보자는 식으로 행동했던 게 크게 문제가 된 것입니다.

더구나 광해군은 자신의 어머니를 폐서인으로 만들고 동생을 죽입니다. 친어머니와 친동생은 아니었습니다. 원래 광해군은 후궁의 자식이었답니다. 선조가 나이가 들어 인목대비라는 여성을 왕비로 맞아들이고 새로 아이를 낳았는데 그가 영창대군입니다. 광해군이 백성으로부터 존경을 받고 있었고 영창대군이 어렸기 때문에 선조는 광해군을 왕으로 임명하고 죽었습니다. 하지만 살아 있을 때 광해군을 예뻐하지는 않았거든요. 인목대비 역시 광해군을 싫어했어요. 자신의 아들인 영창대군이 왕이 되어야 했는데 광해군이 빼앗아 갔다는 식으로 생각하고 광해군을 박대했어요. 이러한 갈등이 이어지자 혹시나 영창대군을 중심으로 반란이 일어날까를 염려한 광해군은 인목대비를 궁궐에서 쫓아내고 영창대군을 귀양 보낸 후 죽였습니다.

> **폐서인**
> 벼슬이나 신분의 특권을 빼앗아 서민이 되게 하거나 그렇게 된 사람을 뜻해요.

문제가 심각해졌어요. 광해군의 중립외교는 오늘날 큰 평가를 받지만 당시에는 비판을 많이 받았습니다. 대다수의 양반들은 명나라가 임진왜란 때 도운 은혜가 있는데 왜 도와주지 않느냐는 식으로 광해군의 정책이 잘못되었다고 생각했거든요. 더구나 갈수록 국가 운영을 제대로 못하고 자신의 동생마저 죽이니 반란이 일어납니다. 그렇게 인조반정(1623년)이 일어났고 광해군은 쫓겨나고 맙니다. 이후 광해군은 여기저기 유배를 다니다가 제주도에서 생을 마감합니다. 멋지게 시작하고 초라하게 마무리가 되어 버린 셈이지요.

백성을 버리고 도망간 인조

기록을 남기는 게
왜 중요한가요?

: 건전하지 못한 내부 분열 :

"반대를 위한 반대는 잘못된 거야! 비판은 해도 되지만 비난은 잘못되었어!" 이런 말을 들어 본 적이 있을지 모르겠어요. "악플 달지 마.", "혐오는 잘못된 거야." 이런 얘기는 많이 들어 보았을 거 같아요. 비슷비슷한 말들입니다. 누군가의 생각이나 행동에 대해 반대를 하려면 타당한 근거와 이유를 들 필요가 있겠죠. "이 부분은 이러이러해서 잘못된 거야. 이렇게 고쳐야 좀 더 나아질 수 있어." 이런 식으로 말하는 게 좋겠죠? 그런데 그게 아니라 "쟤 정말 재수 없지 않니?", "네가 하는 건 다 싫어!" 같은 식으로 말하면 싸움밖에 안 나는 거 같아요.

친구들 사이에서도 이런 싸움이 종종 일어나지만 어른들의 세계도 마찬가지예요. 회사든 사회든 종종 반대를 위한 반대를 하거나 비난 일색으로 상대를 공격하는 경우가 많답니다. 결과는 어떨까요? 근거 없이 상대를 공격하면 상대에게 상처를 줄 수밖에 없습니다. 더구나 이유 없는 공격을 하다 보면 스스로 양심에 가책을 느껴요. 그런데 스스로 잘못되었다는 사실을 인정하고 태도를 바꾸기보다는 '그래서 뭐.', '어쩔 건데?'라는 식으로 자기 합리화를 해 버리는 경우도 많습니다. 나쁜 행동이 고쳐지지 않는 거죠.

호불호나 감정에 따라 상대를 공격하고, 이에 대한 반성 없이 나쁜 행동을 계속 이어 가면 세상은 끔찍한 공간이 될 수밖에 없을 거예요. 그런데 그런 일들이 조선 시대 때도 일어났습니다.

: 기록을 통해 생생하게 만나 보는 조선 :

조선은 개국 초부터 《조선왕조실록》을 편찬했어요. 왕과 신하들이 백성을 위해 훌륭한 통치를 해야 하는 게 유교 국가의 전통이잖아요? 정말로 훌륭하게 하는지 여부를 살피기 위해 조선을 비롯한 동아시아에서는 '기록'이라는 방법을 선택했습니다. 왕과 신하의 일상을 하나하나 기록해 두는 거예요. '오늘은 회의에서 어떤 결론을 냈다.', '오늘은 무슨 논의를 했는데 신하들 간에 말다툼이 심했다.' 등 조정에서 벌어지는 모든 일을 기록합니다. 기록을 담당하는 관리를 사관이라고 불렀습니다. 사관은 단순히 일어난 일만 적는 게 아니라 자신만의 관점을 가지고 냉정하게 평가를 남겼어요. 이렇게 모인 기록을 사초라고 해요. 방대한 분량일 수밖에 없죠. 그리고 왕이 죽으면 실록청이라는 기관이 만들어집니다. 이곳에 신하들이 모여서 그간 적어 놓은 사초를 펼쳐 두고 내용을 정리합니다. 사초는 왕이 볼 수 없었어요. 누군가가 내가 적은 기록을 본다면 마음껏 글을 쓸 수 없지 않겠어요? 사관은 궁궐의 모든 곳에 드나들면서 마음껏 기록할 수 있었습니다. 실록청에서는 이렇게 써진 사초를 편집하여 실록을 발간합니다. 실록 제작 과정에 왕이 간섭을 할 수도 없었죠.

왕과 신하들 입장에서 생각해 보세요. 내가 말하는 모든 것이 기록되고 있다는 것, 요즘으로 말하면 대통령과 국회의원의 활동이 뉴스나 신문 기사를 통해 세상에 공개가 되잖아요? 사람들이 뉴스를 보고 신문을 읽으면서 대통령을 비판하기도 하고 국회의원을 지지하기도 합니다. 그러니 정치인들은 국민들에게 잘 보이려고 노력을 하는 거고요. 같은 이치예요. 왕과 신하들은 사관의 눈치를 보고, 실록의 평가를 두려워하며 바른 통치를 하기 위해 노력할 수밖에 없는 구조를 만들었답니다.

조선은 실록뿐만이 아니라 다양한 기록 문화를 유지했습니다. 대표적인 것이 《승정원일기》와 《일성록》이에요. 승정원은 왕의 비서실을 의미하는데 이곳에서 매일매일 일지를 별도로 작성했거든요. 분량은 《조선왕조실록》보다 훨씬 많답니다. 《일성록》은 조선 후기 정조가 쓰던 일기에서 시작되었어요. 국정에 관한 사항을 매일 정리했는데 나중에는 신하들이 기록을 하게 되었답니다.

궁궐에서 행사가 있을 때는 《의궤》를 제작했어요. 세자가 결혼

《조선왕조실록》은 이렇게 만들었어요

《조선왕조실록》은 태조부터 철종까지 25대 472년을 기록한 책이에요. 실록은 왕이 죽고 나면 실록청이라는 임시 관청을 만들어 편찬했어요.

1. 실록을 편찬할 때는 사관이 왕과 신하가 나눈 대화를 기록한 '사초'를 기본 자료로 삼았어요.
2. 왕이 세상을 떠나면 사초와 왕의 비서실인 승정원의 업무 일지《승정원일기》, 왕의 업무 일지인《일성록》과 각 관청의 기록 등을 모아 실록의 초고를 썼어요. 이 초고를 '초초'라고 해요.
3. '초초'가 완성되면 중간 책임자가 뺄 것은 빼고 고칠 것은 고쳐서 2차 수정본인 '중초'를 만들었어요. 중초를 총 책임자와 함께 의논하여 문장을 다듬으면 완성본이 돼요. 이 완성본을 '정초'라고 해요.
4. 정초가 완성되면 활자로 인쇄해서 사고에 보관할 사본을 만들었어요. 인쇄 과정에서 잘못 들어가는 글자가 없도록 사관들이 교정도 보았어요. 이렇게 인쇄하여 책으로 만들면 실록이 돼요.
5. 실록을 인쇄하면 실록을 만드는 데 사용한 사초와 자료들은 모두 물에 깨끗이 씻어서 내용을 지웠어요. 종이가 귀했던 시절이었고, 기록의 비밀을 지키기 위해서요. 이러한 작업을 세초라고 하는데, 세초를 하던 장소가 오늘날 서울의 세검정입니다.

을 하거나, 왕의 장례식을 치르는 등 국가의 중요한 행사가 있으면 별도로 관련 행사에 관하여 체계적인 기록을 남겼습니다. 필요에 따라서는 행사장의 모습을 그림으로 남기기도 했어요. 그림이 매우 정교하게 그려졌기 때문에 이를 통해 당시 어떤 옷을 입고 어떻게 활동했는지에 대해 알 수 있답니다. 재밌는 점은 이 모든 그림에 왕은 없다는 점이에요. 왕은 특별한 존재이기 때문에 함부로 그릴 수 없었던 거죠.

이 밖에도 필요에 따라 수많은 책들이 편찬되었습니다. 민간에서도 유학자들이 다양한 기록을 남겼고요. 그러다 보니 오늘날 우리는 조선에 대해 매우 자세히 알 수 있어요. 기록을 남겼기 때문에 당시에 사람들이 입었던 옷부터 먹거리, 사람들의 생각, 다양한 사건들에 대해 충분히 알게 된 거예요. 그만큼 기록은 중요합니다.

: 인조의 외교 실패와 치욕적인 항복 :

광해군이 쫓겨난 후 인조가 집권을 해요. 연산군에 이어서 두 번째로 국왕의 자리에서 쫓겨난 사건입니다. 연산군이 그렇듯 광해군 역시 세종, 세조 같은 묘호를 받지 못하고 '군'으로 불려요. 묘호는 왕이 죽으면 붙여 주는 명칭인데, 보통 국왕의 이름처럼 사용이 됩니다. 평소에는 '전하~'라고 불렀고 왕이 죽고 나면 '세종께서~, 영조께서~' 식으로 불렀답니다. 연산군과 광해군은 도중에 쫓겨났기 때문에 묘호를 받지 못한 거예요. 왕이 죽으면 실록을 편찬한다고 했잖아요? 《태종실록》, 《중종실록》 식으로 이름이 정해졌는데 연산군과 광해군은 《연산군일기》, 《광해군일기》라고 부릅니다.

연산군을 몰아내고 집권한 중종은 왕이 되고 싶은 생각이 없었잖아요? 그저 반란군의 요청 때문에 어쩔 수 없이 왕이 되었을 뿐이지요. 하지만 인조는 적극적으로 모의에 가담했고 그 결과 광해군을 몰아내고 왕이 된 거예요. 하지만 문제는 이제부터입니다.

인조는 광해군과는 다르게 친명배금정책을 추진했어요. 광해군은 명나라와 후금 사이에서 균형 정책을 추진했잖아요? 인조는 철저하게 명나라 편을 들면서 후금과 거리를 둡니다. 너무나 어리석은 선택이었어요. 앞에서 이야기했듯 명나라는 급속도로 쇠락하고 있었습니다. 이에 반해 후금은 빠르게 성장했어요. 후금을 세운 누르하치의 아들 홍타이지는 국호를 청나라라고 바꿉니다. 그리고 곧장 몽골을 쳐들어가 만주와 몽골을 통일해요. 그리고 조선을 압박하기 시작합니다. "조선을 점령할 생각은 없다. 하지만 청나라와 맹약을 맺어서 앞으로는 명나라가 아닌 청나라와 동맹국이 되어야 한다." 홍타이지는 명확한 조건을 내걸었습니다.

하지만 인조는 요지부동이었죠. 명나라가 임진왜란 때 도왔고 조선은 오랫동안 명나라를 섬겼기 때문에 끝까지 명나라 편을 들어야 한다는 생각이었어요. 인조만이 아니었습니다. 신하들 대부분 인조와 같은 생각이었습니다. 원래 사대주의는 실용적인 생각이었거든요. 원나라가 쫓겨나고 명나라가 들어서면서 동아시아 질서가 뒤바뀌었기 때문에 명나라와 잘 지내기 위해서 사대주의를 했던 거예요. 그런데 이제는 맹목적으로 명나라를 숭배하는 쪽으로 변질되었어요. 한 발 더 나아가 명나라가 멸망 직전인데도 명나라를 부모처럼 모셔야 한다고 했을 정도였답니다.

결국 청나라 황제 홍타이지는 전쟁을 일으킵니다. 명나라의 동맹국 조선을 정벌한 후 명나라를 쳐들어가겠다는 생각이었습니다. 병자호란(1636년)이 발생한 겁니다. 상황은 심각했어요. 임진왜란이 끝난 지 얼마 되지 않았기 때문에 조선은 여전히 모든 면에서 어려웠거든요. 생각해 봐요. 전란이 7년이나 진행되었고 그 기간 동안 농사를 제대로 지을 수 없었잖아요? 수많은 사람들이 죽거나 포로가 되었다는 것은 그만큼 인구가 감소했다는 것을 의미해요. 인구가 줄고 수년간 농사를 제대로 짓지 못했으니 예전보다 경제적으로 힘들 수밖에 없었죠. 더구나 광해군이 통치하면서 궁궐 공사를 너무 많이 벌여 그 피해가 보통이 아니었습니다. 전쟁을 통해 얻은 각종 상처는 물론이고 경제적으로도 어려우니 사회 분위기가 너무나 뒤숭숭했어요. 적을 맞이해서 싸울 수 있는 충분한 군대를 가진 것도 아니었고요. 더구나 광해군의 중립외교는 완벽하지 않았답니다. 명나라가 집요하게 원군을 요구했고 광해군은 어쩔 수 없이 2만이 넘는 부대를 보냅니다. 하지만 청나라와의 싸움에서 대패를 합니다. 그나마 유지되던 병력이 소실되었고 수많은 군인들이 죽으면서 가족들의 생계도 어려워졌어요. 전투에서 패배한 이후 광해군은 후금과의 외교를 통해 관계를 회복하긴 했지만 백성의 피해는 가공할 수준이었습니다. 이 상황에서 또 전쟁이라니!

　인조는 군사 훈련을 극도로 꺼렸습니다. 본인이 반란을 통해 집권을 했잖아요? 자신처럼 누군가 또 다른 사람이 반란을 일으킬 수 있으니까 군사 훈련을 좋아하지 않은 거예요. 더군다나 인조의 심복이었던 이괄이 난을 일으켜서 인조가 피난하는 사태까지 벌어졌답니다. 그러니 인조는 신하들에게 군사권을 나누어 주는 것을 경계했고 군사 훈련을 게을리할 수밖에 없었습니다. 그렇다면 외교를 잘했어야 하는데 하는 모든 행동이 청나라의 심기를 건드리는 것뿐이었으니 정말로 답답한 모습이었죠.

청이 일으킨 병자호란 침입로

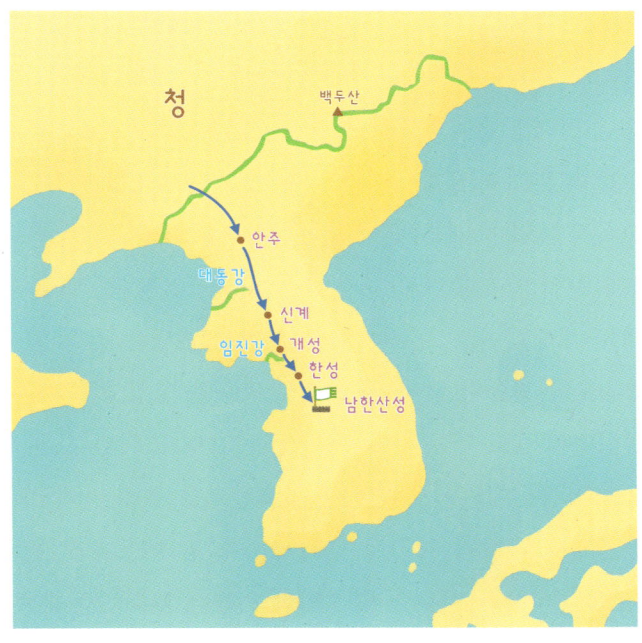

 청나라 군대는 파죽지세로 쳐내려왔습니다. 조선군은 해 오던 대로 산성에 들어가서 적군을 맞이합니다. 하지만 청나라 군대는 산성에서 대비하고 있는 조선군을 무시하고 곧장 서울로 밀고 내려와요. 당황스러운 상황이었죠. 진격 속도가 너무 빨랐기 때문에 어찌할 바를 몰랐어요. 대동강에 방어선을 만들어야 한다, 임진강에 방어선을 만들어야 한다, 강화도로 도망을 가야 한다, 남한산성으로 피난을 가야 한다, 의견이 중구난방으로 나뉘었답니다. 하지만 청나라 군대의 진격 속도가 너무 빨랐기 때문에 인조 일행은 급하게 남한산성으로 도망갑니다. 남한산성은 천혜의 요새였어요. 산세가 험준하고 방어하기 유리한 구조였죠. 하지만 제대로 된 대비가 없었어요. 미리 식량을 비축하고 항전을 했더라면 몇 년을 버틸 수 있었는데 급하게 오느라 3개월치 식량밖에 없었습니다.

  일부는 강화도 쪽으로 도망갔는데 사정은 더욱 나빴습니다. 군사가 수백 명밖에 없었고 강화산성을 비롯하여 방어 시설이 제대로 구축되지 않았기 때문에 제대로 된 방어를 하지 못했습니다. 남한산성에 갇힌 인조를 구하고자 급히 달려온 군대는 빈번히 청나라 군대에 패배했어요. 임진왜란과는 달리 의병은 많이 일어나지 않았습니다. 임진왜란 당시 의병 중 상당수는 경상도 쪽 북인 계통의 의병이었거든요. 곽재우, 정인홍 등은 남명 조식과 깊은 관련을 맺고 있는 사람들이었어요. 하지만 인조반정을 통해 광해군이 쫓겨나고 북인이 몰락했기 때문에 인조에 대한 감정이 좋지 못했습니다. 충청도를 비롯한 일부 지역에서만 의병이 일어났는데 이 또한 청나라 군대에 패배하지요. 얼마 후 강화도가 점령당하면서 인조는 항복을 선언합니다. 청나라 황제 홍타이지 앞에 나아가 머리를 아홉 번 조아리며 항복을 했습니다. 수많은 사람들이 전란으로 인해 숨졌고 포로가 되어서 이번에는 만주로 끌려갔습니다. 그리고 이제 조선은 강제로 청나라의 동맹 국가가 되었습니다.

오만함이 낳은 비극 병자호란

왜 어떤 싸움에선 이기고 어떤 싸움에선 질까요?

: 선입견이나 감정에 휘둘리면 안 되는 이유 :

선입견이라는 말이 있어요. 상황을 자세히 살펴보지도 않고 미리 판단을 하는 거죠. '쟤는 우락부락하게 생겼고 덩치도 크니까 성격이 안 좋을 거 같아.', '쟤는 옷을 예쁘게 입고 다니니까 새침하고 까탈스러울 거 같아.', 뭐 이런 것들이죠. 사람은 끊임없이 쉽게 판단하고 쉽게 결정하는 경향이 있어요. 주의해야 하는 부분이에요. 무엇이든 좀 더 자세하게 관찰하면 이전에 가졌던 선입견을 뛰어넘어 새로운 진실에 마주할 수 있답니다.

감정이 격해지면 선입견은 더욱 강해져요. 지난번 축구대회에서 다른 반 친구들이 너무 거칠게 축구를 하는 바람에 억울하게 패배했다고 쳐요. 당연히 감정이 좋을 리 없겠죠. 다시 축구를 하면 미움을 갖고 삐딱한 시선으로 바라보게 될 거예요. 조금만 거칠게 해도 과거의 기억이 생각나면서 예민해지는 거예요. "너네 또 이런 식이야? 정말 너무하네." 하는 식으로 쉽사리 감정이 격해지면서 싸우기도 하고요. "쟤네들은 원래 거친 애들이야. 쟤네들하고는 놀면 안 돼. 너무 싫어!" 이런 식으로 사이가 점점 나빠지기도 한답니다.

이러한 문제를 해결하려면 어떻게 해야 할까요? 문제가 생기면 화해를 해야 하고, 서로 이해하면서 감정을 풀어야 하겠죠. 무엇보다 쉽게 사람을 판단하지 말고 조금 더 주의 깊게 상대를 이해하려는 노력이 우선이랍니다. 선입견에 빠지지 않는다는 것, 감정에 휘둘리지 않는다는 것은 정말 중요한 능력 같아요. 더욱 신중해질 수 있고, 갈등을 방지할 수 있으며, 문제가 생겨도 그것을 해결할 능력을 갖게 되는 것이니까요.

: 청나라를 유목민족이라는 선입견으로 바라본 조선 :

우리나라를 포함한 동아시아의 역사는 농경민족과 유목민족으로 분류해서 설명할 수 있습니다. 중국, 우리나라, 일본은 농경민족이죠. 벼농사를 짓고, 정착 생활을 하면서 나라를 일구어 왔으니까요. 지금은 찾아보기 힘들지만 유목민족 또한 많았습니다. 주로 중국의 만리장성 북쪽 지역인 몽골 고원이나 오늘날 티베트 및 중국의 신장 위구르 자치구 등에서 활동했어요. 흉노, 돌궐, 몽골, 거란, 탕구트, 토욕혼 등 정말로 다양한 세력이 활동했답니다. 힘이 커지면 중국을 공격했어요. 중국 북부를 지배하기도 했고 몽골이 세운 원나라는 아예 중국을 통치하기도 했답니다.

그런데 만주 지역에도 다양한 민족들이 있었답니다. 그들 중 대표적인 이들이 여진족이에요. 원래는 말갈, 숙신이라고 불렸는데 상당수는 고구려, 부여의 구성원이기도 했습니다. 하지만 고구려와 발해가 사라진 후 이들은 간혹 독자적으로 나라를 세우면서 엄청난 위력을 발휘하기도 합니다. 고려시대 때는 아골타를 중심으로 금나라가 세워져서 북중국을 정복했잖아요? 조선시대가 되면 누르하치가 등장해요. 누르하치는 부족을 8개로 나누어 강력한 군대를 양성합니다. 이를 '팔기군'이라고 부릅니다. 여진족은 유목민족이 아니었어요. 만주는 몽골 고원에 비해 강도 많고 땅도 좋기 때문에 밭농사를 많이 지었답니다. 야크 떼를 이끌고 이리저리 돌아다니면서 풀을 뜯고 고기나 유제품을 먹으면서 생활하는 것이 유목민이에요. 이에 반해 여진족은 밭농사도 짓고 가축을 많이 기르면서 만주 일대에서만 활동했기 때문에 생활 방식에서 차이가 크답니다. 농경민족에 비해서는 이동을 자주 하지만 그렇다고 유목민족처럼 가축만 기르는 것도 아닌 독특한 집단이라고 할 수 있어요.

누르하치는 이들을 규합하여 후금을 세웠습니다. 임진왜란 당시에는 조선에 원군을 파병하겠다고 호언장담을 했지요. 누르하치는 만주부터 랴오둥(요동)반도까지 만주 전체를 통일합니다. 이 와중에 명나라 장군과 군대를 대거 흡수해요. 애초에 유목민족이 아니었기 때문에 물을 두려워하지도 않았고, 명나라 군대의 일부를 자신의 부대로 만들었기 때문에 휘하에 수군도 있었어요.

그런데 조선은 이러한 사정을 하나도 몰랐어요. 그냥 오랑캐라고 무시만 했지 적이 얼마나 성장했고 어떤 능력을 가지고 있었는지에 대해 무지했지요. 청나라 군대가 쳐들어오자 일부는 강화도로 피난을 갔잖아요? 고려시대 몽골이 쳐들어왔을 때를 생각했던 거예요. 유목민족은 물에 약하니까 섬으로 피난 가는 게 좋다고 생각한 거죠. 하지만 여진족은 유목민족이 아니고 섬을 공략하는 능력을 보유하고 있었어요. 그러다 보니 쉽사리 점령당했던 겁니다. 적을 제대로 알지 못했고 적의 능력을 얕잡아 보면서 생긴 현상입니다.

당시 최명길이 적극적인 활동을 펼쳤답니다. 최명길은 주화파였어요. 청나라와 타협을 해야 한다고 주장을 했던 인물입니다. 그렇다고 굴욕적인 항복을 이야기한 건 아니었어요. 대동강이나 임진강에 방어선을 만들고 백성을 지키면서 협상을 하자고 주장했습니다. 남한산성에 피난을 갔을 때도 특공대를 보내 청나라에 타격을 주면서 협상해야 한다고 주장했죠. 그래야 유리하게 협상을 이끌어갈 수 있으니까요. 최명길은 목숨을 건 행동을 합니다. 군대를 끌고 쳐들어오는 청나라 진영에 수차례 혈혈단신으로 찾아가 협상의 끈을 유지한 겁니다. '적이 쳐들어오기 전에 협상을 통해 전쟁을 막는 것이 우선이다. 하지만 일단 전쟁이 시작되면 싸우면서 지킬 것을 지키되 협상을 하여 최대한 평화적으로 상황을 마무리해야 한다.'라는 것이 최명길의 지론이었습니다.

하지만 이런 행동에 대해 여러 신하들이 심한 공격을 했습니다. '오랑캐와 협상이라니!', '저열한 유목민족과 어떻게 대화를 하는가!', '그런 식으로 명나라의 은혜를 저버리는 생각을 하다니!' 하고 뚜렷한 대안도 없이 최명길을 물고 늘어졌어요. 하지만 인조는 최명길의 뜻을 따라 항복을 하게 됩니다. 임진왜란의 피해가 아직 잊히지 않았는데 다시 한번 커다란 상처를 입은 셈이지요.

: 개혁보다 경직된 사고방식으로 치닫는 사회 :

항복 이후 조선은 강제로 청나라의 동맹국이 되었어요. 인조의 두 아들인 소현세자와 봉림대군이 인질로 끌려가 청나라에서 생활을 하게 되었습니다. 이때 명나라는 이자성의 난에 의해 멸망하고 말아요. 사회 혼란이 너무나 심각했기 때문에 스스로 무너진 거예요. 결국 명나라의 장군들이 청나라와 합세하여 이자성을 몰아냅니다. 여진족이 지배하는 중국, 청나라의 역사가 시작된 것이죠. 과거 몽골의 경우 원나라를 세웠지만 왕조가 100년 정도 밖에 못 갔어요. 중국인들을 무시하고 고압적으로 통치했기 때문입니다.

여진족은 그렇지 않았어요. 중국인들을 존중하고 과거제를 비롯하여 중국의 제도를 유지했어요. 중국인들은 여진족의 지배를 인정했고 청나라는 무려 300년이나 번성하게 됩니다. 그리고 이 시기, 중국에서는 커다란 변화가 있었어요. 서양인들이 많이 진출한 겁니다. 당시 서양에서는 과학 기술이 눈부신 발전을 거듭하고 있었습니다. 세계를 항해하며 식민지를 만들기도 했고 중국에는 선교사들을 중심으로 많은 이들이 정착을 했답니다. 서양의 새로운 신기술이 중국에 소개되었고요.

이 상황에서 볼모로 끌려갔던 소현세자는 큰 충격을 받습니다.

북벌론을 주장할 당시 청나라의 영토

국제 관계가 또 한 번 강력하게 변화하고 있다는 걸 느꼈던 거죠. 베이징에서 서양 신부들을 만나면서 과학 기술에도 눈을 떴고요. '청나라에 패배한 것은 씻을 수 없는 치욕이다. 하지만 무작정 복수심에 빠져 있을 수는 없다. 보라. 놀라운 과학기술이 발전하고 있다. 여진족은 오랑캐이지만 중국인들을 능수능란하게 통치하고 있다. 배울 것은 배우면서 우리 조선도 강력해져야 한다.' 10년 넘게 볼모 생활을 하며 소현세자는 조선 개혁에 대한 뜻을 품게 됩니다.

하지만 현실은 녹록치 않았어요. 높은 포부를 가지고 한양에 돌아와 보니 현실은 전혀 딴판이었죠. 인조는 항복 당시의 모욕감에서 벗어나지 못했습니다. 신하들 역시 적개심이 보통이 아니었어요. 더구나 함께 볼모 생활을 했던 동생 봉림대군 역시 매한가지였죠. 다들 병자호란 때 당했던 분노와 거부감 때문에 변화하는 현실을 보려고 하지 않았습니다. 인조는 소현세자를 의심했어요. 청나라와 너무 가깝게 지냈기 때문에 혹시나 자신을 몰아내려고 하는 것은 아닌지 엉뚱한 의심병에 빠졌답니다. 그래서인지 안타깝게도 소현세자는 귀국 후 얼마 지나지 않아 갑작스레 죽고 맙니다. 인조는 소현세자의 가족을 처형하였고 봉림대군을 왕으로 삼았습니다.

 인조가 죽은 후 봉림대군이 왕이 되니 그가 효종입니다. 효종은 북벌을 외쳤어요. 군사력을 확충해서 청나라에 쳐들어가자는 주장이었답니다. 성벽을 보수하고 군사를 양성하는 등 적극적인 노력을 펼쳤지요. 북벌론을 두고 논란이 많았어요. 현실적으로 싸워서 이길 수 있는 대상이 아니었으니까요. 그저 다들 북벌을 외치면서 복수심만 불태울 뿐이었어요. 이런 태도는 조선 후기까지 큰 문제가 됩니다. 너무 감정적이 되면서 세계의 변화를 제대로 보지 못하니까요. 더구나 임진왜란과 병자호란을 겪으면서 조선은 매우 보수적인 사회가 돼요. 유교 윤리를 한층 강화하고, 폐쇄적인 문화를 유지하면서 변화를 거부하기 시작했어요. 이미 사라지고 없어진 나라임에도 불구하고 명나라를 섬기고자 했죠. 여성을 억압하고, 신분 질서를 강화하면서 말이에요. 상업이나 무역이 발전하는 등 전 세계적으로 경제적인 변화도 컸는데 이런 것에 별 관심을 갖지 않고 외골수로 치닫습니다. 전쟁으로 인한 피해도 문제였지만 전쟁 때문에 생긴 나쁜 감정과 그로 인한 경직된 사고방식 같은 것들이 종합적으로 사회 발전을 억눌렀답니다.

전쟁 후에 찾아온 악재 경신대기근

이제껏 보지 못한 문제가 발생하면 어떻게 풀어야 하나요?

: 새로운 문물이 가져온 뜻밖의 문제 :

우리나라의 경우 1990년대 초반까지만 하더라도 핸드폰은 물론이고 컴퓨터도 제대로 보급되지 않았습니다. 인터넷은커녕 텔레비전 채널도 3~4개 밖에 없었죠. 사정이 이렇다 보니 이때까지만 하더라도 게임 중독 같은 얘기는 찾아보기 어려웠어요. '오락실 가지 마라', '만화방 가지 마라.' 하는 얘기들은 종종 있었습니다. 오락에 푹 빠져서 오락실에 살다시피 하는 친구들도 있었고 지금은 찾아보기 어렵지만 만화책을 대여해 주는 만화 가게들이 많았거든요. 하루 종일 만화만 보고 공부를 하지 않는 학생들에 대한 우려가 높기도 했답니다.

하지만 1990년대 중반 이후 집집마다 컴퓨터가 놓이고 핸드폰이 빠르게 보급되면서 게임 중독 현상이 심각해졌어요. 집이나 PC방 혹은 핸드폰을 켜 놓고 하루 종일 게임만 하면서 게임과 현실을 구별하지 못하거나, 게임에 집착한 나머지 일상을 망치는 경우가 많았습니다. 당시로서는 충격적인 사회 현상이었어요. 없던 일이 생겨난 거니까요. 문제는 다양하게 발생했어요. 컴퓨터 바이러스 문제, 보이스 피싱 사기 등 생각지도 못한 문제들이 연이어 쏟아져 나왔습니다.

물론 컴퓨터나 핸드폰의 보급은 우리 삶에 긍정적인 기여를 많이 했어요. 인터넷을 통해 다양한 정보를 얻을 수 있고 유튜브나 웹툰 같은 새로운 채널을 통해 그동안 누릴 수 없던 재미를 누리기도 합니다. 하지만 새로운 문물이 도입되고 변화가 시작되면 항상 뜻하지 않은 문제들이 발생합니다. 그리고 개중에는 쉽게 고쳐지지 않는 심각한 문제가 등장하기도 하죠.

: 가뭄과 폭우로 생긴 두 차례의 대기근 :

임진왜란과 병자호란이라는 기나긴 혼란 끝에 조선 사회는 조금씩 안정되기 시작합니다. 인조반정이나 북벌론 등 소란스러운 일도 종종 있었지만 그래도 차츰차츰 문제가 해결되고 사회는 점차 활력을 띠어 갑니다.

그런데 이번에는 전혀 새로운 문제가 발생하기 시작했어요. 전염병이 창궐하고

> **창궐**
> 전염병이 걷잡을 수 없이 퍼지는 것을 말해요.

기근이 들기 시작한 거예요. 특히 1670년(경술년)과 1671년(신해년)에는 전대미문의 대기근이 찾아옵니다. 너무나 심각했기 때문에 이를 두고 '경신대기근'이라고 불러요. 그리고 약 20년이 지나 대기근이 또 한 번 찾아와요. 1695년부터 무려 1699년까지 5년간 지속되었기 때문에 이를 두고 '을병대기근'이라고 불렀습니다.

> **기근**
> 흉년 때문에 먹을 것이 부족해 굶주리는 것을 말해요.

> **전대미문**
> 이제까지 들어본 적이 없는 것을 뜻해요.

상황이 너무 심각했어요. 우선 봄철에 비가 안 왔답니다. 비가 와야 모내기를 하고 농사를 시작할 수 있잖아요? 3~4월에 적당히 비가 와야지 모도 잘 자라고 농사 짓기 좋은 환경이 만들어지거든요. 그런데 전혀 비가 내리지 않았어요. 5월이 돼서도 같은 상황이 이어졌답니다. 국가적으로 난리가 났어요. 국왕은 기우제를 수차례 지냈어요. 지방 수령들도 제사를 지냈고 온 백성이 비가 내리기를 염원했죠. 간신히 5월 말이 돼서야 비가 내렸는데, 이제는 또 비가 너무 많이 오는 거예요. 여름철에 폭우가 내리고 태풍이 휩쓸고 가는 경우가 있잖아요? 장마철에 벌어지는 일인데, 7월부터 8월까지 내내 장마가 계속됐어요. 심지어 9월까지도 폭우가 내리기 시작했습니다. 그렇게 비가 내리게 해 달라고 기도할 때는 비가 안 내리더니 이제는 너무 많은 비가 내리니까 모가 떠내려가고 벼가 썩기 시작했어요. 논에 촘촘히 자라난 벼가 물길에 휩쓸려 쓰러져 버리기도 했습니다. 비가 많이 오고 지나치게 날씨

> **기우제**
> 비가 오기를 빌던 제사를 말해요.

가 습해지니까 이번에는 벌레 떼가 문제가 돼요. 황충이라고 부르던 온갖 해충이 들끓기 시작한 거예요. 그나마 살아남았던 벼마저 해충에 시달리게 되었답니다.

그리고 본격적으로 전염병이 돌기 시작해요. 소와 닭 그리고 돼지가 툭툭 쓰러지기 시작했고 사람들도 앓아 눕기 시작했어요. 가축이 죽는다는 것은 치명적이에요. 특히 소가 죽으면서 문제가 심각해졌어요. 소는 식량이기도 하지만 농사를 짓는 데 중요한 도구이기도 했거든요. 소가 죽으면 사람의 힘으로만 농사를 지어야 하는데 비교할 수 없을 정도로 힘들어졌죠. 가뜩이나 농사가 제대로 지어지지 못했는데 전염병이 도니까 많은 사람들이 죽기 시작했어요. 건강을 유지하려면 영양 상태가 좋아야 하잖아요? 그런데 봄철부터 시작된 이상 기후 현상으로 사람들이 제대로 식사를 못하면서 영양 상태가 나빠진 데다 전염병이 덮치니까 피해가 극심해졌던 거예요.

한 해를 이렇게 보내고 나니까 그 다음 해는 상황이 더욱 심각해질 수밖에 없었어요. 작년 농사를 망쳤으니까 겨울에 먹을 식량이 부족할 수밖에 없고 그러다 보니 사람들이 산으로 올라가 소나무 껍질을 뜯어서 끓여 먹기까지 했어요. 먹을 게 너무 없다 보니까 동네 개들까지 모두 잡아먹고 쥐조차 구경하기 힘들 정도로 상황이 나빠졌답니다. 개중에는 배가 너무 고파서 독이 든 버섯처럼 먹으면 안 되는 음식을 먹고 죽는 사람도 생겼어요. 원래 농가에서는 '종자 씨'를 따로 보관합니다. 다음 해에 농사를 지어야 하니까 종자 씨만큼은 남겨 두는 거죠. 그런데 먹을 게 없고 너무너무 배가 고프니까 종자 씨를 먹기에 이르렀어요. 그러니 새해가 되어도 농사를 지을 수 없어서 일가족이 굶어 죽는 경우까지 생겼답니다. 사람들이 이런 상황이었으니 가축 또한 부지기수로 죽어 나갔어요. 당시 기록을 보면 경신대기근 때 죽은 소가 4만 마리가 넘었다고 해요. 을병대기근은 오래 지속되었기 때문에 100만 명이 넘는 사람들이 죽었다는 연구도 있답니다. 정말로 끔찍한 재앙이 닥쳤던 거죠.

: 엎친 데 덮친 격, 새로운 전염병의 창궐 :

전염병을 막으려는 노력 또한 적극적이었어요. 광해군 때 허준이라는 유명한 의학자가 《동의보감》이라는 책을 썼다고 했잖아요? 허준은 한반도 의학사에서 가장 중요한 인물이에요. 그가 쓴 《동의보감》은 한의학의 기초가 되었고 현재도 막강한 영향력을 행사한답니다. 허준은 당대 중국을 중심으로 한 동아시아의 의학 기술을 집대성했어요. 또한 수많은 환자들을 돌보면서 그간 쌓아 놓은 한의학의 성과를 보다 높은 수준으로 끌어올렸답니다. 단순히 중국의 의서를 베낀 것이 아니라 우리의 입장에서 우리에게 필요한 의서를 만든 거죠. 그렇게 써진 책이 《동의보감》이에요.

허준은 '단방 처방' 요법을 자세히 써 놓기도 했습니다. 원래 한약방에서 약을 지으면 이것저것 좋은 재료를 섞어서 약을 만들잖아요? 단방 처방은 한 종류의 약재만 사용하는 방법을 말해요. 약재를 한 가지만 쓰니까 당연히 효과가 떨어질 수밖에 없어요. 그런데 왜 단방 처방법을 상세하게 정리했을까요. 민중을 위해서였습니다. 당시에는 지금처럼 의학 기술이 발달되지도 않았을 뿐더러 동네에 병원 자체가 없었어요. 의사는 귀했고 그중에 유능한 의사들은 대부분 궁궐에서 일을 하거나 지체 높은 양반 사대부들을 돌보느라 정신이 없었어요. 백성들이 제대로 된 의학 혜택을 누리지 못했던 거죠. 허준은 이 부분이 마음에 걸렸던 거 같아요. 그는《동의보감》을 통해 우리 주변에서 쉽게 구할 수 있는 야생 식물이나 풀의 효능을 정리했답니다. 굳이 의원을 찾아가지 않더라도 집 앞에 자생적으로 자라나는 식물이나 풀을 달여서 먹고 기운을 차릴 수 있는 방법을 도모했던 거예요.

허준은 전염병을 막기 위해서 동분서주했습니다.《신찬벽온방》이라는 책을 쓰기도 했어요. 환자가 발생하면 격리하고 지역을 통제하는 등 요즘과 비슷한 통제 정책을 제안했습니다. 그리고 나름대로 치료제를 만들어서 보급했어요. 그다지 성과는 좋지 못했지만요. 당시만 하더라도 전염병의 발생 원인을 몰랐거든요. 허준의 경우 전염병을 '사기(邪氣)'라고 보았어요. '사악한 기운' 정도로 해석할 수 있는데, 전쟁이나 전염병 때문에 사람들이 많이 죽은 지역에서 안 좋은 기운이 올라와서 전염병이 퍼진다고 보았어요. 전염병을 막기 위해 옷을 빨아 입는 것을 강조했지만, 정작 환자와의 접촉을 막지는 않았습니다. 치료제라는 것 역시 그다지 효과가 있지는 않았고요.

더욱 속상했던 것은 양반들의 태도였습니다. 질병을 막지는 못하더라도 식량 보급은 잘 되어야 사람들이 기운을 차릴 수 있잖아요? 우리나라에서 생산되는 쌀이 부족하다면 중국에서 쌀을 빌려

오든지 해야 하고요. 실제로 경신대기근 때 현종은 청나라로부터 쌀을 빌려 오고자 했습니다. 하지만 청나라는 병자호란 때 우리를 괴롭힌 오랑캐 국가잖아요? 양반들의 반대로 일이 추진되지 못했습니다. 다행히 숙종 때는 신하들의 반대를 무릅쓰고 강력하게 밀어붙여서 수만 석의 쌀을 빌려 오기도 했습니다. 백성들이 죽어 나가고 나라가 온통 전염병과 기근투성인데도 양반들은 자기들이 먹을 것이 있으니까 백성들의 고통은 염두에 두지 않았던 거예요. 참으로 한심한 모습이었죠.

조선 후기에 전염병 문제가 심각했거든요. 그중에 우역이 특히 문제였어요. 소를 통해 전염병이 번지는 건데 사람들한테도 병을 옮겼기 때문에 문제가 더욱 심각했어요. 우역은 병자호란의 영향 때문으로 추정하고 있어요. 청나라가 조선을 쳐들어오기 전에 만주 일대에서 심각한 우역이 여러 차례 창궐했거든요. 우역이 돌면 수많은 소가 죽을 수밖에 없어요. 그중에 살아남은 소들은 몸속에 병균과 항체가 있죠. 병자호란 때 이 소들이 대거 한반도에 들어옵니다. 전투를 하기 위해 10만이 넘는 여진족 병사들이 쳐들어왔고 그들의 식량인 소들이 함께 들어왔으니까요. 그리고 여진족의 소들이 가지고 있던 병균이 한반도에 살던 소들에게 옮겨지기 시작한 거예요.

조선은 전기까지만 하더라도 소의 개체수가 많지 않았고, 농사에 중요한 자원이기 때문에 식용을 엄격하게 금지했답니다. 하지만 조선 후기가 되면 전국에 수십만 마리의 소가 사육돼요. 개체 수가 비교가 안 될 정도로 늘어났죠. 농업은 물론이고 식용으로도 인기가 높았거든요. 그런데 만주로부터 새로운 전염병 바이러스가 들어오니 소들 사이에서 크게 유행을 할 수밖에 없었고, 그중 일부가 사람에게 전파된 거예요. 한 번 우역이 퍼지면 소들이 떼죽음을 당하고, 다시 얼마 후에 새로운 변이가 등장해서 또 떼죽음이 일어났어요. 그때마다 사람들 사이에서도 전염병이 창궐하는 등 악순환이 이어졌습니다. 조선 후기에는 소를 통한 전염병과의 싸움이라는, 이전에는 경험해 보지 못한 거대한 과제가 등장했습니다.

제 3 장

서민적이고 실용적인 문화를 꽃피웠어요

1725년
영조가 탕평책을 실시했어요.

1762년
사도세자가 죽임을 당했어요.

1776년
정조가 왕위에 올라 규장각을 설치하고 개혁을 시작했어요.

1794년
거중기를 사용해 수원화성을 축조했어요.

1818년
정약용이 《목민심서》를 저술하고 실학을 집대성했어요.

1860년
최제우가 동학을 창시했어요.

1861년
김정호가 대동여지도를 간행했어요.

1863년
고종이 왕위에 오르고 대원군이 개혁 정치를 시작했어요.

숙종의 오락가락 리더십

어떤 리더를 좋은 리더라고 할 수 있나요?

: 적극적으로 통치하며 조선에 활력을 불어넣은 숙종 :

누구나 장단점은 있어요. 성격이 쾌활하고 친구들과 두루두루 잘 어울리지만 자세히 살펴보면 친구들의 이야기를 잘 들어 주지 않고, 재밌게 노는 것만 좋아하는 경우가 있죠. 평소에 조용하고 소심해 보이고 학교생활에서 두각을 나타내지는 않지만 친해지고 나면 속이 깊고 정이 많은 경우도 있어요. 우리 자신도 그렇고 친구들도 다들 이런 장점이 있고 또 저런 단점이 있죠.

부모님이나 선생님도 마찬가지 같아요. 다정다감하고 선물도 많이 사 주시지만 바쁘셔서 시간을 많이 못 보내는 엄마, 아빠도 있죠. 수업을 너무 잘하시고 열정적이지만 우리의 마음을 이해하지 못하고 지나치게 엄격한 선생님도 있고요. 그래서 막 복잡해질 때도 있어요. 차라리 무섭고 잔소리가 많아도 잘 가르치는 선생님이 좋을 때도 있고, 반대로 수업은 그냥 그래도 마음을 잘 읽어 주고 다정하게 대하는 선생님이 좋을 때도 있고요.

세상 일이 항상 그런 것 같아요. 과감한 결단력과 뛰어난 능력으로 엄청난 성공을 거두었지만 인간관계에 문제가 많은 사람들이 있어요. 반대로 인간관계는 정말 좋고 사람이 너무 착한데 일을 정말 못하는 경우도 있고요. 100퍼센트 완벽한 사람은 없으니까요.

조선 후기의 가장 유명한 국왕 하면 영조와 정조가 떠오를 거예요. 하지만 영조와 정조 못지않게 유명하고 유능했던 국왕이 숙종입니다. 임진왜란과 병자호란 당시에 겪었던 여러 문제들이 비로소 숙종 시기에 안정돼요. 을병대기근 등 새로운 문제가 조선을 덮쳤지만 그럼에도 불구하고 숙종 시기를 통해 조선은 안정을 되찾고 다시금 활기를 띠기 시작합니다.

답사를 하는 경우가 종종 있잖아요? 학교에서 가기도 하고 부모님과 갈 수도 있고요. 답사 지역에 가면 안내판이 있어요. 말이 좀 어렵게 쓰여 있는 게 문제이긴 하지만 최근에는 조금씩 나아지고 있더라고요. 그런데 안내판을 유심히 보면 '중수' 혹은 '개보수'라는 말이 나오는 경우가 있어요. 처음에 만들었던 건축물을 다시 고쳤다는 것을 의미합니다. 그런데 흥미로운 점은 전국에 존재하는 수많은 조선시대 건축물 혹은 산성 같은 주요 방어 시설에 가보면 대부분 숙종 때 다시금 보수가 되었다는 것을 확인할 수 있어요. 한양을 방어하는 한양도성도 그렇고 강화도에 지어진 강화산성도 그

── 한양도성길 ──

렇고, 정말 많은 곳들이 숙종 때 고쳐졌어요. 한양도성의 경우는 자주 다니다 보면 시기를 구분할 수도 있어요. 태조 이성계 시절 처음 한양도성을 쌓을 때는 모난 돌들을 그냥 쌓았답니다. 그러다 세종 때 크게 보수를 하는데 이때는 돌을 정육면체로 다듬어서 쌓았어요. 숙종 때는 조선 후기잖아요? 우선 돌의 크기가 엄청 커져요. 큰 돌을 자유롭게 다룰 정도로 기술이 발전했거든요. 또한 돌을 쌓을 때 조금 비스듬히 쌓았어요. 하단은 넓고 상단은 좁은 형태로 쌓은 거예요. 그렇게 하면 보다 단단해서 잘 안 무너지고 외부의 공격에도 훨씬 잘 견딜 수 있다고 합니다. 그리고 산성의 상단부에는 총을 쏠 수 있는 구멍도 만들었어요. 그것도 멀리에 있는 적을 보고 쏘는 곳, 가까이 있는 적을 쏘는 곳으로 구분이 되어 있어요. 여전히 창

―― 성벽 축조의 시대별 차이 ――

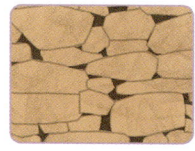
태조(1396)
자연석을 거칠게 다듬어 사용했어요.

세종(1422)
성돌을 다듬어 옥수수알 모양으로 쌓았어요.

숙종(1704)
성돌 크기를 40~45cm로 정해 견고하게 쌓았어요.

순조(1800)
가로와 세로가 각각 60cm가량인 정사각형 모양의 돌을 꼼꼼하게 쌓았어요.

과 칼을 사용했기 때문에 이런 것들을 배려하기 위해 다양한 모양으로 성을 만들었답니다. 전법이 바뀌면서 성의 모양이 바뀐 것이지요. 이런 것들을 알고 보면 무심코 다녔던 한양도성길이나 강화산성길이 다르게 느껴질 거예요. 또한 그만큼 숙종이 적극적으로 통치를 했다는 것을 알 수 있습니다.

: 지나친 당쟁과 계속된 여자 문제 :

하지만 마냥 좋은 일만 있었던 것은 아니에요. 숙종 때는 두 가지

조선의 붕당정치

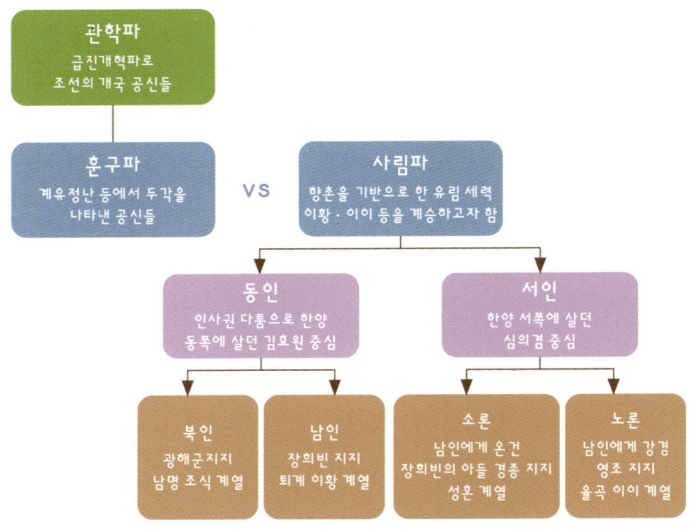

큰 문제가 있었어요. 우선 당쟁이 심해졌습니다. 선조 때도 서인, 동인, 남인으로 나뉘어서 엄청 싸웠잖아요? 같은 문제가 반복돼요. 지금의 시선으로 보면 정말 황당한 문제를 가지고 싸우기도 합니다. 인조의 뒤를 이은 왕이 효종이었잖아요? 효종 다음이 현종이고, 현종 다음이 숙종이거든요. 현종 때는 장례식 때 옷을 어떻게 입어야 하며 몇 년을 입어야 하느냐를 두고 서인과 남인 사이에서 격렬한 논쟁이 벌어졌습니다. 경신대기근으로 백성들이 심각한 고통을 겪고 있던 때에 양반 사대부들은 고작 '상복을 3년을 입어야 한다.', '아니다, 1년을 입어야 한다.', '아니다, 7개월을 입어야 한다.'를 두고 싸웠던 거예요. 이를 두고 예송논쟁이라고 합니다. 당시에는 예법이 강조되던 시기였고 지금과는 사고방식이 크게 달랐다고는 하지만 아무리 그래도 그렇지 불필요한 논쟁을 하면서 서로 싸우고 사이가 나빠지고 하는 것은 이해하기 너무 힘들지요.

숙종 때가 되면 문제가 더욱 심각해집니다. 숙종의 여자 문제가 한몫했어요. 숙종의 아내는 인현왕후였답니다. 안타깝게도 숙종과 인현왕후 사이에 아이가 없었어요. 그리고 숙종은 장옥정이라는 여성에게 폭 빠집니다. 장옥정은 궁녀였는데 숙종이 깊이 반했어요. 숙종은 장옥정을 후궁으로 들였고 희빈이라는 칭호를 하사합니다. 장희빈은 아들까지 낳았답니다. 왕실에서 아들은 정말 중요한 존재예요. 국왕의 뒤를 이을 후계자를 의미하니까요. 하지만 아직 인현왕후가 젊었고 중전, 즉 정식 아내는 인현왕후였어요. 그런데 숙종은 인현왕후를 무시하고 장희빈 사이에서 낳은 아들을 세자로 만들고자 합니다. 이에 서인이 격렬하게 반발했어요. 아직 인현왕후가 젊으니 중전과의 사이에서 태어난 아들을 세자로 책봉하는 것이 옳다고 주장했습니다. 인현왕후는 서인 쪽 명문가의 여성이었습니다. 서인의 입장에서는 숙종과 인현왕후의 관계가 흐트러지는 것을 원하지 않았습니다.

하지만 숙종은 이에 격분합니다. 서인의 반대에도 불구하고 장희빈이 낳은 아들을 세자로 책봉합니다. 그리고 서인 측 신하들을 조정에서 모두 쫓아냅니다. 당시 서인의 지도자이자 저명한 유학자 송시열이 이에 반대하자 사약을 내리기도 했습니다. 그리고 인현왕후를 궁궐에서 쫓아내고 장희빈을 중전으로 삼았답니다.

그런데 문제는 여기서 그치지 않습니다. 숙종이 또 다른 여성을 좋아하게 된 거예요. 최씨 성을 가진 무수리였답니다. 무수리는 궁녀 중에서도 가장 하급에 속하는데, 청소를 하고 물을 길어 오는 등 고된 노동을 했어요. 하지만 숙종의 눈에 들었고 역시 숙종의 후궁이 됩니다. 그녀를 최숙빈이라고 불러요. 그리고 최숙빈 역시 아들을 낳아요. 최숙빈은 숙종을 설득합니다. 궁궐에서 쫓겨난 인현왕후를 불러들이자는 거죠. 숙종도 죄책감이 있었어요. 특별한 잘못을 한 것도 아닌데 장희빈에게 눈이 멀어 인현왕후를 몰아냈던 것이니까요. 결국 숙종은 인현왕후를 다시 데려오고 중전으로 삼습니다. 이번에는 남인이 반발해요. 인현왕후가 쫓겨나면서 서인 또한 같이 쫓겨났으니까 남인의 세상이 되었거든요. 그런데 인현왕후를 다시 데려온다? 남인은 받아들일 수 없었어요. 그러나 숙종은 대대적으로 남인들을 숙청하기 시작합니다. 서인에 비해 남인은 세력이 훨씬 약했어요. 애초에 동인이 북인과 남인으로 나뉘었으니까요. 그런데 숙종에 의해 너무나 강력하게 숙청을 당했습니다. 이를 계기로 남인은 회복 불가능할 정도로 타격을 입는답니다. 그리고 서인도 노론과 소론으로 나뉘어요. '남인을 어떻게 대할 것인가.', '강경하게 배척해야 하며 서인이 주도하는 세상을 만들어야 한다.', '아니다, 정치는 함께하는 것이다. 남인도 품어야 한다.' 하는 이슈로 갈라서게 되었습니다.

그러니 이번에는 장희빈이 어떻겠어요. 중전이었다가 하루아침에 희빈으로 강등되었죠. 숙종과 장희빈의 사이는 극도로 나빠졌어요. 그리고 몇 년이 흘러 인현왕후가 죽게 되는데 숙종과의 사이에 끝내 아이가 없었습니다. 인현왕후가 죽자 무슨 심정인지 숙종은 장희빈을 비난합니다. 장희빈이 저주를 해서 인현왕후가 죽었다는 거예요. 숙종은 장희빈에게 사약을 내립니다. 그토록 사랑했던 여성에게 그토록 심한 모욕을 주더니 결국 자신의 손으로 사랑했던 여성을 죽인 거예요. 참으로 충격적인 로맨스라고 할 수 있습니다.

숙종의 이러한 모습을 두고 많은 이야기들이 있었습니다. 장희빈이 악녀였다는 얘기가 가장 유명해요. 순수한 인현왕후를 속이고 숙종의 마음을 가로챈 다음에 인현왕후를 몰아냈다가 벌을 받았다는 주장입니다. 이러한 주장은 숙종을 변호하기 위해서 만들어진 얘기입니다. 조선은 왕조 사회잖아요? 아무리 국왕이 잘못을 해도 국왕 탓을 하면 안 되니까요. 인현왕후를 몰아내고 특정 세력에 권력을 몰아주며 장희빈을 죽이기까지 한 모든 행동은 숙종이 한 것입니다. 장희빈이 정말 질투를 했고 중전이 되고 싶은 욕망이 있었으며 인현왕후를 몰아내는 데 책임이 있다 하더라도 악녀라고 규정할 만한 근거가 되지는 못합니다. 그래서 최근에는 이런 주장이 힘을 잃었답니다.

: 장단점이 뚜렷한 복잡한 왕 :

> **부차적**
> 핵심적이지 않고 곁에 딸린 것을 부차적이라고 해요.

역사학자들은 숙종의 여자 문제보다는 당쟁에 관심을 두고, 그의 리더십을 비판하는 경우가 많습니다. 전반적으로 따져 보면 여자 문제는 **부차적**이었거든요. 숙종은 즉위하자마자 남인을 몰아냅니다. 남인의 지도자 허적이 생일잔치 때 왕이 쓰는 천막을 허락도 받지 않고 사용했다는 것이 이유였어요. 그런데 허적만 처벌한 게 아니라 남인의 거의 대부분을 조정에서 몰아냈답니다. 장희빈의 아들을 세자로 만들 때는 서인의 대부분을 같은 방식으로 쫓아냈습니다. 반대로 인현왕후가 돌아올 때는 역시 같은 방식으로 남인을 몰아냈고요. 이를 '환국'이라고 해요. 국면을 전환한다는 말인데 덕분에 왕권은 크게 강해졌답니다.

국왕이 특별한 상황을 연출하고 반발하는 신하들을 대거 숙청을 하니까 서인이건 남인이건 숙종 앞에서 쩔쩔맬 수밖에 없잖아요? 하지만 그 결과 서인은 남인과 원수가 되었어요. 또한 서인이 노론과 소론으로 분열되었습니다. 왕의 힘은 강해졌지만 신하들의 사이는 나빠졌고 그만큼 정치 환경 또한 나빠졌어요. 더구나 인현왕후와 장희빈은 이러한 환국의 희생양이 될 수밖에 없었지요. 둘 다 버림받고 온갖 모욕을 당했으니까요.

숙종에 대해서는 생각할 지점이 많은 거 같아요. 나의 힘과 권력을 강화하기 위해 사람들 사이를 이간질 시키는 것, 희생자를 만드는 것. 이런 것들은 잘못된 행동이잖아요? 숙종은 나라와 백성의 입장에서 생각해 보면 유능한 국왕이에요. 국가를 잘 다스렸고 대기근 때 중국에서 쌀을 빌려 오는 등 여러 능력을 가졌습니다. 하지만 신하들을 이간질하면서 정치 환경을 망쳤던 인물이기도 해요. 참 복잡한 인물이라고 할 수 있겠죠?

영조의 콤플렉스와 사도세자의 유약함

왕이 세자를 죽이는 비극은 왜 일어났나요?

: 가족이라는 소중한 사회 :

가족은 인류를 이루는 가장 기초적인 단위입니다. 부모는 자식을 낳고 기르죠. 자식은 부모의 양육을 통해 성장을 하고 때가 되면 독립합니다. 그런데 만약 부모와 자식의 관계가 좋지 않다면 어떨까요? 아버지나 어머니가 가정을 소홀히 여기고 일도 열심히 안 한다고 생각해 봐요. 부모 간에 지나치게 부부 싸움을 하고 자식들을 학대하면 어떨까요. 혹시나 자녀를 심하게 때리거나 괴롭힌다면요. 이보다 더한 지옥은 없을 거예요. 하지만 너무나 속상하게도 종종 이런 일이 일어나고 그 때문에 고통받는 어린이나 청소년이 있는 것 또한 사실입니다.

문제가 쉽게 해결되지도 않아요. 생각보다 가족 문제는 매우 복잡하거든요. 부모가 좋은 일자리가 없거나 어릴 때 좋은 교육을 받지 못했을 경우 경제적인 문제, 교육적인 문제가 쉽게 좋아질 수 없어요. 부모의 좋은 품성과 습관을 배우지 못하면 아이 역시 비뚤어질 수 있답니다. 친구들한테 시비를 걸고, 선생님의 말씀을 무시하고, 지켜야 할 약속을 지키지 않고 그렇게 커 가면서 불량 청소년이 될 수도 있으니까요.

돈이 많고 집이 부자라고 해서 문제가 없는 것도 아니에요. 부모가 너무 돈을 밝히고 돈으로만 자식을 기르다 보면 돈의 노예가 될 수밖에 없거든요. 대화와 소통, 우정과 사랑 같은 고귀한 가치를 무시한 채 모든 것을 돈으로 판단하고, 돈이 많으면 잘해 주고 돈이 없으면 무시하는 식으로 계속 문제를 일으키면 다른 사람들한테 미움을 받을 수밖에 없겠죠. 이렇듯 가족은 그저 피를 물려받고 같이 사는 것 이상의 의미를 지닙니다. 가정은 가족들이 가치를 공유하고, 좋은 습관을 물려받고, 훌륭한 인격을 배우고, 풍성한 사랑을 나누는 가장 중요한 공간입니다.

: 영조의 뿌리 깊은 콤플렉스 :

숙종이 장희빈과 최숙빈 사이에서 각각 아들을 한 명씩 얻었잖아요? 숙종은 장희빈에게 사약을 내렸지만 아들은 그대로 놔둡니다. 그가 숙종의 뒤를 이은 경종이에요. 그런데 문제가 생깁니다. 숙종 말년에 권력을 장악했던 이들은 서인의 주류 세력인 노론이었어요.

노론은 장희빈과 사이가 나빴고 장희빈의 죽음에 동조했던 사람들입니다. 그런데 그의 아들 경종이 왕이 되었으니 조정의 분위기가 어수선할 수밖에 없습니다. 경종을 힘써 보좌한 세력은 소론입니다. 소론은 경종을 잘 모시면서 나라를 이끌어 가고자 했습니다.

하지만 쉽지는 않았습니다. 소론은 노론에 비해 세력이 약했고 이를 만회하고자 노론을 자주 공격했습니다. 그 과정에서 노론의 대표적인 지도자들이 쫓겨나거나 사약을 받기도 했습니다. 노론과 소론의 사이가 나빠진 거죠. 더구나 경종이 국왕으로서 강력한 지도력을 보이지도 못했어요. 아들이 없었고 건강이 좋지 못했습니다. 노론은 이틈을 노려 최숙빈의 아들을 경종의 후계자로 삼고자 합니다. 최숙빈에 대한 경종의 감정이 좋을 리 없겠죠. 하지만 경종은 최숙빈의 아들 연잉군을 미워하거나 제거하려고 하지 않았습니다. 소론은 경종이 아직 젊으니 후계자를 바로 세울 필요가 없다고 주장했지만 경종은 노론의 주장을 받아들여 자신의 이복동생 연잉군을 후계자로 세웁니다. 그리고 얼마 지나지 않아 죽어요.

이후 연잉군이 경종의 뒤를 이으니 그가 영조입니다. 경종의 죽음을 두고 말이 많았어요. 특히 경종이 죽기 전에 영조가 병문안을 하면서 바쳤던 음식이 경종의 병세를 악화시켰다는 소문이 돌았습니다. 심지어 영조 집권 초반에 청주 지역에서 이인좌가 난을 일으킵니다. 영조가 경종을 죽이고 집권했기 때문에 처단해야 한다는 주장이었습니다. 초기에는 반란의 기세가 강했고 호응도 컸습니다. 하지만 중앙에서 보낸 관군에 의해 진압되었죠. 영조는 이 상황을 심각하게 인식했습니다. 더구나 영조의 어머니는 무수리 출신이잖아요? 조선 국왕 중에서 가장 신분이 비천한 어머니를 두었기 때문에 영조는 콤플렉스가 있었어요. 더구나 영조가 노론의 지원을 받아서 왕이 되었다는 사실을 모두가 알고 있었으니 소론이나 남인들이 좋아할 리 없었죠.

: 정치는 물론 국가 운영에 적극적이었던 영조 :

영조는 탕평정치를 주장합니다. 대화와 소통 그리고 통합의 정치를 펼치겠다고 천명한 거예요. 비록 본인은 노론의 지원을 받아서 왕이 되었고 세상이 노론 중심으로 운영되는 것은 사실이지만, 소론과 남인에게 기회를 주고 이들과 함께 통치를 하겠다는 거죠. 문제를 해결할 수 있는 방법은 신하들 간의 화해, 즉 당파 싸움이 없어져야 한다고 본 거예요. 영조는 탕평비를 세웠고 탕평채라는 음식을 만들었다고도 전해집니다. 탕평채에는 다양한 색감을 지닌 재료가 들어가거든요. 그리고 두루두루 섞어 먹어야 맛있고요. 이런 것처럼 노론, 소론, 남인이 서로 대화하고 소통하면서 국가를 운영해야 한다고 보았던 거예요. 영조는 탕평정책을 강력하게 밀어붙였어요. 붕당마다 영조의 탕평책에 공감하는 온건한 지도자들을 모아서 국가를 운영했답니다.

한편 영조는 대대적으로 서원을 없애기 시작해요. 서원은 원래 학문을 하는 공간이잖아요? 그런데 붕당정치가 심해지면서 세력을 확장하기 위해 너도나도 서원을 짓기 시작한 거예요. 제대로 된 스승과 교사가 없는 상태에서 그저 자기 세력을 늘리기 위해 전국에

> **온상**
> 어떤 생각이나 세력이 자라나는 바탕이 되는 것을 뜻해요.

1,000개가 넘는 서원이 만들어졌답니다. 영조는 서원이야말로 당쟁의 온상이라고 보았어요. 모여서 학문에 힘쓰지 않고 당파 싸움이나 한다는 거죠. 영조는 전국에 600여 개의 서원을 제외하고 모두 없애 버립니다. 탕평정치를 강화하기 위한 조치였지요.

영조는 명석한 사람이었어요. 신하들을 압도할 정도로 똑똑했지요. 유교 경전은 물론이고 국가 재정 사항과 운영 정책에 대해 면밀하게 알고 있었죠. 신하들과 대화를 하다가 지식이 부족하거나 국가 정책에 대한 이해가 떨어지면 그 자리에서 면박을 주기도 했습니다. 리더십이 대단했어요. 강력한 카리스마를 선보여야 할 때는 좌중을 압도했고, 눈물을 흘리거나 애처로운 연출을 해야 할 때는 그에 맞추어서 연민을 자아내기도 했죠.

영조는 국가 운영에 적극적이었습니다. 영조의 근검절약은 유명합니다. 사치품을 멀리하고 수입품이 아닌 국산품을 쓰고자 했으며 식사를 할 때도 소박하게 먹기 위해 반찬 가짓수를 줄였고 옷을 입을 때도 비단이 아닌 무명옷을 입었답니다. 왕족이나 신하들에게도 이를 적극 권장했어요. 무릇 왕실과 양반 사대부는 백성을 위해 존재하는데 왜 중국이나 일본 수입품을 쓰는 데 주저함이 없고 비싼 장식품과 풍요로운 식사를 즐기는가! 허례허식을 줄이고자 노력했습니다. 여성들이 머리에 쓰던 커다란 가체를 금지한 것도 영조였습니다. 왕족이나 신하들이 당황할 수밖에 없었어요. 국왕이 앞장서서 검소하게 생활을 하니 놀랍고 충격적이었던 거죠. 더구나 영조는 집권 기간 동안 금주령을 실시합니다. 술 마시기를 금지한 거예요. 영조는 사치를 배격했고 술을 '광약(狂藥)', 즉 미치게 하는 약이라고 보았어요. 술을 마시면 정신이 흐트러지고 맑은 판단을 못 한다고 보았습니다. 영조는 평생 술을 안 마셨고 신하들은 물론이고 백성들조차 먹지 못하게 했답니다. 실제로 금주령을 어기고 몰래 술을 먹던 관료들을 처형하기까지 했습니다. **금욕주의**적으로 통치했던 거죠. 영조는 50년이 넘게 통치했고 80세가 넘어서까지 살았어요. 일부 사람들은 그가 장수한 이유가 음식을 적게 먹고 건강관리를 잘했기 때문이라고도 봅니다.

> **금욕주의**
> 욕심을 억제하고 도덕적으로 이상적인 상태를 이루려는 생각을 말해요.

영조는 각종 제도를 개선하기 위해 노력했습니다. 가혹한 형벌을 폐지하고자 했고 사형수에 대해서도 엄격한 **삼심제**를 실시해 사람을 함부로 죽이지 못하게 했습니다. 또한 백성들의 탄원을 듣고자 신문고를 부활시켰어요. 신문고는 태종 때 만들어진 커다란 북인데, 북을 울리면 국왕이 직접 억울한 사연을 들어 주는 시스템이었답니다. 그만큼 백성들의 소리를 가깝게 듣고자 했던 것이지요. 법전도 편찬해요. 조선의 법전은 《경국대전》이잖아요? 성종 때 완성된 건데 영조 때에 이르면 200년도 더 흘렀기 때문에 개정이 시급했습니다. 사회가 바뀌면 그에 맞는 법전을 가져야 하니까요. 영조 때 만들어진 법전을 《속대전》이라고 합니다.

> **삼심제**
> 한 사건에 대해서 세 번의 심판을 받을 수 있는 제도를 말해요.

영조 때는 청계천을 보수합니다. 현재도 종로 옆에 가면 청계천이라는 아름다운 개천이 흐르잖아요? 한때는 청계천 위를 막고 고가도로를 놓았어요. 하지만 지금은 다리와 도로를 없애고 물이 흐르던 원래의 모습으로 되돌렸습니다. 청계천은 수도 한양에서 지대가 가장 낮은 곳이에요. 비가 내리면 물이 모두 청계천으로 모인 후 한강으로 빠져나가거든요.

사람들은 이곳에서 빨래도 하고 쓰레기도 버리는 등 하수도처럼 사용했어요. 그러다 보니 문제가 커졌습니다. 청계천에 모래톱이 쌓이고 위생 상태가 엉망이었거든요. 영조는 청계천 공사를 명령합니다. 오랜 기간 쌓여 온 모래와 오물을 모두 퍼내고 하천으로의 기능을 회복시키고자 했던 거죠.

: 사도세자의 비극 :

영조의 아들이 사도세자예요. 아버지와는 다르게 심성이 유약했고 식성이 좋았는지 덩치도 크고 몸도 뚱뚱한 편이었답니다. 영조는 아들을 잘 키워서 훌륭한 왕으로 만들고 싶었습니다. 하지만 사도세자는 학문을 하는 데는 관심이 없었어요. 영조는 **대리청정**을 시킵니다. 사도세자에게 나라 운영을 맡겨 본 거죠. 하지만 이 또한 썩 마음에 들지 않았어요. 똑똑하고 카리스마 있고 꼼꼼하며 학문에도 뛰어난 아버지에 비해 썩 뛰어나지 않고 성격도 소심하고 학문에도 관심이 없던 아들은 서로를 이해하지 못

> **대리청정**
> 왕이 병이 들거나 나이가 들어 정사를 돌볼 수 없을 때 왕 대신 나라를 돌보는 것을 뜻해요.

했고 갈수록 사이가 나빠졌답니다. 아버지는 아들을 매번 타박했고 아들은 아버지를 극도로 무서워했어요.

이 와중에 사도세자는 마음의 병이 생깁니다. 정확한 이유는 모르지만 아버지와의 관계도 한몫한 거 같아요. 사도세자는 난폭한 행동을 하기 시작했고 사람을 때리거나 심지어 죽이기까지 했어요. 옷을 제대로 갈아입지 못하는 의대증에 시달리기도 했죠. 강박증의 일종이에요. 구덩이를 파고 몇날 며칠을 씻지도 않고 그 속에 웅크리고 있을 정도였답니다.

영조는 뒤늦게 이 사실을 알게 됩니다. 사도세자가 너무나 많은 사람들을 죽였다는 사실에 충격을 받고 아들을 뒤주에 가둡니다. 사도세자는 뒤주에 갇혀 몇날 며칠을 괴로워하다가 죽고 말았어요. 조선 왕조 역사상 가장 비극적인 일이 일어난 거예요. 왜 이토록 가정문제가 심각해진 것일까요? 어떻게 했으면 아버지와 아들의 관계가 좋아져서 문제가 원만히 해결될 수 있었을까요? 많은 고민이 드는 사건입니다.

정조의 위대함과 한계

왜 한국사와

세계사를 함께
공부해야 하나요?

: 산업혁명이 일어나며 크게 발전한 유럽 :

인류의 역사에는 두 번의 큰 변화가 있습니다. 농업혁명과 산업혁명이에요. 인류는 신석기 시대에 비로소 농경을 시작하잖아요? 오늘날 우리가 생각하는 사람들의 생활 모습은 모두 농업을 바탕으로 이루어졌어요. 정착 생활을 하고, 농사를 통해 얻은 곡물로 식사를 하고, 함께 공동체 생활을 하면서 일을 하는 등 기본적인 생활 모습이 모두 신석기 시대 농업혁명을 통해 가능해진 거랍니다.

  18세기 후반이 되면 유럽에서 산업혁명이 일어나는데 이 또한 농업혁명 못지않은 사건이에요. 산업혁명은 하루아침에 일어나지 않았어요. 우선 유럽인들이 대서양과 인도양을 횡단하면서 대항

해시대를 열었죠. 네덜란드 상인들이 가지고 온 조총이 임진왜란 때 강력한 무기가 되어 조선에 피해를 입히기도 했고요. 유럽인들은 아메리카 대륙을 발견하고 거대한 식민지를 건설하기도 했습니다. 바다를 건너 무역을 하다 보니까 농업보다 상업이 중요해지면서 산업에도 변화가 일어난 거예요. 어떤 사람들은 신대륙에 거대한 농장을 건설하여 사탕수수나 담배 농사를 지은 후 유럽에 팔아서 돈을 벌었습니다. 어떤 사람들은 아프리카에 가서 흑인 노예들을 잡아다가 유럽이나 아메리카에 팔아서 돈을 벌었죠. 또 어떤 사람들은 아시아로 진출해 인도에서는 후추 같은 향신료, 중국에서는 비단이나 도자기 같은 것을 사고 되팔아서 돈을 벌었습니다. 그리고 이러한 변화를 뒷받침하기 위해서 은행도 생기고 증권거래소도 생겼어요. 정말 어마어마한 변화였던 거죠.

이러한 밑바탕 위에 영국에서 공장이 세워지고 기계가 제품을 생산하는 산업혁명의 시대로 들어서게 됩니다. 강철로 만든 기계가 사람보다 훨씬 빠르고 정확하게 제품을 만들어 내고, 증기기관이 장착된 기차가 철로가 놓인 곳이라면 어디든지 빠르게 사람과 물건을 옮겨 놓는 세상이 된 거예요. 조선 후기의 역사가 여러 이유로 쇠퇴할 때 유럽에서는 커다란 발전이 있었습니다.

: 나라와 백성을 위해 대범하게 활약한 개혁 정치가 :

조선왕조의 국왕들 중 세종 다음으로 유명한 인물이 정조일 거예요. 최근에는 드라마로 자주 만들어지면서 인기와 명성이 더욱 높

거중기의 원리

거중기는 위쪽의 고정된 도르래 4개와 아래쪽에 움직이는 도르래 4개를 끈으로 연결한 후, 양쪽으로 끈을 잡아당기면 도르래에 연결된 끈을 통해 무거운 물체를 가볍게 들어올리는 기구입니다. 무려 7톤까지 들어올릴 수 있었다고 해요.

아지고 있습니다. 정조가 유명한 이유는 세종 못지않게 훌륭한 통치를 펼쳤기 때문입니다.

정조의 가장 유명한 업적은 수원 화성 건설입니다. 지금은 수원시가 크게 들어서 있지만 당시만 하더라도 수원은 시골 동네였거든요. 정조는 이곳에 화성을 건설합니다. 일종의 신도시를 만든 거예요. 정조는 당시 최고의 축성술을 기반으로 성을 건설했습니다. 지금 보더라도 다른 지역의 성과는 모양과 크기, 규모에서 확실히 차이가 있어요.

화성을 건설할 때 정약용이 거중기를 만드는 등 중요한 활약을 펼칩니다. 거중기는 무거운 돌을 들어 올리는 기구인데 서양 과학기술에 영향을 받아 만들어졌답니다. 평소 서양 과학기술에 관심이

많았던 정조는 화성 건설에 도움이 되라는 의미에서 관련 서적을 정약용한테 주었습니다. 정약용 역시 이에 관심이 많아서 열심히 공부한 끝에 거중기를 개발할 수 있었어요.

지금 화성을 돌아보면 그저 18세기 후반에 지어진 아름다운 성처럼 보여요. 하지만 성을 짓는다는 것은 도시를 만든다는 것을 의미하지요. 정조는 건설 과정에서 부담을 덜 수 있는 방안을 강구했답니다. 이전까지만 하더라도 백성들을 노역으로 부리기 바빴는데 정조는 일당을 주었습니다. 노동 행위에 대한 경제적 대가를 지불했던 거죠. 당연히 백성들은 열심히 일을 했고 예상보다 빠른 기간 안에 훌륭한 성을 지을 수 있었습니다.

성 안에는 시장을 만들었어요. 한양에 시전 상인 거리가 있듯 물건을 사고팔 수 있는 시장을 세웠습니다. 화성에는 장용영이라는 군대가 주둔했는데 군인들에게는 둔전을 주었습니다. 둔전은 농지를 이야기해요. 평소에 둔전에서 농사를 지으면서 먹고살다가 때가 되면 군사 훈련도 받고 군사 작전도 수행하라는 의미였죠. 생각해 보세요. 단순히 근사한 성을 지은 게 아니라 도시를 건설한 거예요. 성을 짓고 그 안에 시장을 건설하고 근처에는 군대가 주둔하면서 평소에는 농사를 짓고 필요한 물건은 시장에서 구매하며 살아가는 신도시가 만들어진 겁니다. 대범한 도전이자 근사한 결과라고 할 수 있겠죠?

정조는 백성과 호흡하는 국왕이었어요. 조선시대 그 어떤 국왕보다 백성들과 많이 만났답니다. 이를 '상언과 격쟁'이라고 해요. 국왕이 행차를 하면 혼자 다니는 게 아니라 엄청난 수행원들과 함께하잖아요? 그때 억울한 사연을 가진 백성은 징이나 꽹가리를 구해서 멀리서 시끄럽게 주의를 끕니다. 그리고 국왕 앞에 와서 사연을 이야기합니다. 왕은 이를 듣고 문제를 해결해 주죠. 정조는 그러한 활동을 수백 번 거듭했습니다.

직접 만나기만 한 게 아니에요. 정조는 평소 각종 사건 사고에 관심이 많았고 올바른 처리를 하기 위해 적극적으로 토론하고 결론을 도출해 판결을 내리거나 새로운 정책을 시행하는 데 열심이었답니다. 그중 유명한 정책으로 '신해통공'이 있어요. 신해년에 난전 상인들에게 자유로운 장사를 허락한 행위였지요. 조선 초기 오늘날 종로 일대에 시전 상인 거리가 조성됩니다. 시전 상인은 국가가 장사를 허락한 상인들을 이야기해요. 이들을 중심으로 각종 물품이 팔렸죠. 하지만 조선 후기가 되면 상황이 많이 바뀌어요. 상업이 본격적으로 발전하면서 국가의 허락을 받지 않은 난전 상인들이 늘어나게 됩니다. 시전에서는 장사를 할 수 없었기 때문에 동대문과 남대문 일대에 모여서 장사를 했어요. 많은 사람들이 이곳에서 물건을 샀죠. 시전 상인들 입장에서 이들은 불법 상인이었기 때문에 곱게 보일 리가 없지요. 그래서 종종 사람들을 동원해 난전 상인들에게 횡포를 부리기도 하고 장사를 방해하기도 했습니다.

정조는 고민이 깊었습니다. 법대로 하면 시전 상인들만 장사를 할 수 있는 게 맞아요. 하지만 유통경제가 발전하고 상업이 발전하면서 시장의 규모가 매우 커졌거든요. 더구나 난전 상인들 역시 생

도출
판단이나 결론을 이끌어 내는 것을 말해요.

계를 위해서 활동하고 있었으니 무작정 단속하는 게 능사가 아니었고요. 결국 정조는 신해년에 난전 상인들의 자유로운 상업 활동을 허락합니다. 세상이 바뀌었다는 거죠. 오랜 기간 조선은 농업 국가로서 농업만 중시하면서 살아왔는데 이제는 먹고 살기 풍성해졌고 상업 또한 크게 발전했으니 이를 인정하고 중요시 여겨야 한다는 거예요. 그러기 위해서는 일부 품목에 대한 독점권은 인정하더라도 기본적으로 자유로운 상행위를 보장하는 게 옳다고 보았어요. 상업 발전이나 백성들의 삶 모두에 도움이 되는 중요한 결단이었습니다.

> **독점권**
> 개인이나 단체가 다른 경쟁자를 배제하고 시장의 이익을 독차지하는 것을 말해요.

정조는 평소 글을 읽고 쓰는 것에 열심이었습니다. 책을 열심히 읽고 깊은 생각에 빠져 밤을 새는 경우도 많았다고 해요. 그리고 공부를 하면서 들었던 생각들, 왕이 되어 통치를 하면서 느꼈던 여러 생각을 빼곡히 글로 남겼답니다. 어떤 국왕보다 열심히 공부하고 글을 썼던 인물입니다.

정조는 비극적인 인물이에요. 할아버지 영조와 아버지 사도세자의 사이가 극도로 나빴으니까요. 사도세자가 뒤주에 갇혔을 때 정조는 영조를 찾아가 아바마마를 살펴 달라고 간청했지만 할아버지는 묵묵부답이었습니다. 너무나 비참하게 아버지를 잃었죠. 이게 정조에게는 평생에 걸친 스트레스였어요. 나중에도 아버지를 생각하며 펑펑 울다가 졸도하는 일도 많았습니다.

더구나 할아버지와 아버지의 비극은 단순한 가족사로 끝나지 않았습니다. 사도세자의 죽음은 붕당 간의 대립을 더욱 심각하게 만들었어요. 사도세자의 죽음에 동의한 세력과 그렇지 않은 세력. 이런 식으로 새로운 갈등이 생겼거든요. 더구나 영조가 나이가 들면서 판단력이 흐려지고 몇몇 측근들에게 권력을 주면서 일부 신하들이 위세를 부리기도 했고요. 그중에는 정조의 즉위를 반대하는 사람도 많았습니다. 역적의 아들이 어떻게 왕이 될 수 있냐는 논리였지요. 하지만 영조는 단호했습니다. 아들을 비극적으로 잃었는데 손주마저 잃을 수는 없었죠. 더구나 정조는 영조의 마음에 쏙 들었어요. 학문에 뛰어나고 나라 살림에 관심도 많았으며 모든 면에서 영조의 재능을 빼닮았거든요.

영조의 사랑을 받으며 집권한 정조는 과감한 개혁 정치를 추진합니다. 우선 영조 말년에 문제를 일으키던 신하들을 제거했어요. 그리고 정조 역시 탕평정치를 추진합니다. 오히려 영조보다 적극적이었어요. 적극적으로 의견을 개진하고 치열하게 토론하며 합의를 구해 나라를 통치하자는 입장이었죠. 강력한 개혁 정치를 추진하기 위해 왕권 강화에도 열심이었답니다. 규장각을 세워 개혁을 이끄는 인재들을 길러냈지요. 대표적인 인물이 정약용이었습니다. 그리고 박제가, 이덕무, 유득공 같은 이들도 등용되는데 이들은 모두 서얼이었어요. 조선시대 때 서얼은 과거 시험에 문과를 볼 수 없었잖아요? 지독한 차별을 받았는데 영조 때 이들 중 뛰어난 인물이 정조의 부름을 받고 국가 운영에 참여했답니다. 작더라도 뜻 깊은 사건이었죠.

정조 때에 이르면 천주교가 들어오기 시작해요. 조선의 선비 중에도 천주교를 믿는 사람들이 생겨난 거예요. 유교 국가에서 천주교를 믿다니! 당시 천주교를 받아들인 인물들 중 상당수가 남인이었습니다. 노론은 이를 문제 삼았죠. 정조 역시 천주교를 좋아하지는 않았습니다. 유교 윤리에 어긋나는, 당시로서는 사이비 종교였으니까요. 하지만 정조는 강경하게 대응하지 않습니다. '지금 천주교가 인기를 끄는 것은 유교가 본연의 임무를 다하지 못했기 때문이다. 더욱더 충실하게 유교적 노력을 해 나가면 천주교는 사라질 것이다. 그리고 천주교를 빌미로 남인 세력을 무너뜨리려는 음모는 그만두어야 한다.' 정조는 천주교 문제가 당쟁으로 번질 것을 우려하여 가급적 온건하게 문제를 처리하고자 했습니다.

: 훌륭한 정치를 폈지만
세계적 흐름에서는 제자리걸음이었던 영조와 정조 :

영조와 정조는 조선 후기에 별같이 빛나는 존재들입니다. 조선 전기의 뛰어난 군주였던 세종, 성종처럼 활약을 펼쳤으니까요. 어떤 역사학자는 '대왕의 시대'라고까지 칭했어요. 모처럼만에 좋은 국왕들이 등장해서 나라가 활력을 띠었거든요. 하지만 안타까운 점도 있어요. 당시 유럽에서는 시민혁명이 일어나고 곧이어 산업혁명까지 일어났거든요. 영국의 청교도혁명과 명예혁명, 미국의 독립혁명, 프랑스대혁명이 연이어 일어나면서 신분제가 무너졌어요. 더 이상 왕과 귀족이 없고 자유롭고 평등한 민주주의가 발전하기 시작한 거예요. 더구나 방적기 같은 기계가 발명되고 증기기관 같은

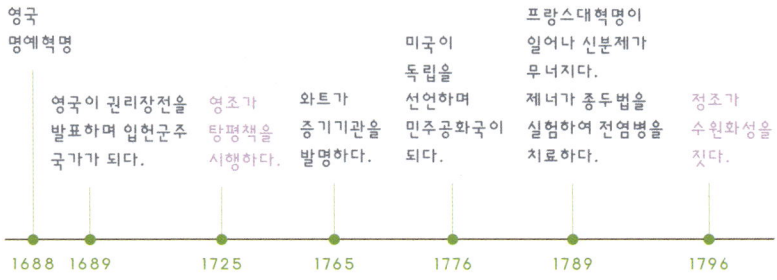

새로운 에너지원이 등장하면서 인류의 생활 방식이 통째로 바뀌기 시작합니다. 사람의 손으로 옷을 만드는 것이 아니라, 방적기 같은 정교한 기계가 대신 실을 뽑고 옷감을 만들기 시작한 거예요. 이전까지는 사람이나 말 혹은 소가 유일한 에너지원이었다면 증기기관을 통해 기관차, 증기선 나중에는 자동차까지 등장합니다. 세계가 또 한 번 엄청난 변화를 맞이하고 있던 겁니다. 이때 영조와 정조가 등장을 한 거예요. 우리로서는 오랜 침체기를 벗어나 모처럼 만의 발전을 경험했지만 세계사적으로 보면 뒷걸음질을 치다 제자리걸음을 하는 셈이었어요. 참으로 안타까운 조선 후기의 시대상이랍니다.

한강과 상인의 역사

왜 모든 문명은 강을 끼고 발달했나요?

: 상상을 통해 이해하는 과거와 역사 :

"상대 입장에 서서 생각해 봐!" 이런 말을 종종하잖아요? "네가 싫어하는 일은 상대도 싫어해." 이런 말도 하고요. 조금 어렵게는 역지사지(易地思之)라는 말도 있습니다. 이런 말을 하는 이유는 내 입장만 고집하지 말고 상대의 입장을 생각해 보라는 의미일 거예요. 상대의 입장에 서 본다는 것은 쉬운 일이 아닌 거 같아요. 모두가 자신의 입장에서 생각하고 행동하니까요. 각자 자신만의 생각이 있고 주관이 있어 그것을 토대로 상대를 바라보고 세상을 이해합니다. 자신을 넘어서 상대의 입장이 되어 본다는 것. 그래서 상대를 이해한다는 것은 말처럼 쉽게 되는 것 같지 않습니다.

하지만 역사 공부에서 이러한 태도는 정말 중요해요. 예를 들어 핸드폰이 없다고 생각해 봐요. 누군가에게 연락을 하려면 집 전화기를 이용해야 할 거예요. 약속에 늦으면 안 되겠죠. 늦으니까 미안하다고 중간에 연락할 수 없으니까요. 문자를 보낼 수 없기 때문에 편지를 쓰거나 전보를 보내는 등 우체국을 이용해야 하겠죠. 쇼핑 앱으로 물건을 살 수 없기 때문에 직접 시장을 방문해야 할 거예요. 자동차가 없다고 생각해 볼까요? 걸어 다녀야겠죠. 아니면 마차를 이용하거나 말을 타고 다녀야 할 거예요. 그러려면 자전거 타기처럼 말 타기 훈련이 필수적이 되겠죠. 어지간한 거리는 걸어 다녀야만 할 거고요. 그만큼 세상은 느리게 돌아가겠죠. 오늘날에는 KTX로 부산까지 두 시간 남짓이면 갈 수 있지만 걸어가거나 말을 타고 가려면 몇 날 며칠이 걸릴 거예요. 그러니 정말 특별한 이유가 아니라면 그렇게 멀리 돌아다니지는 않을 거고요.

지금과는 다른 세상, 핸드폰과 차가 없어 걸어 다녀야만 하고, 직접 농사를 지어야 하고 어릴 때 교육을 받지 못하는 세상은 어떨까요? 이런 것들을 상상해 보면서 내가 살아가는 세상과는 다른 세상을 이해해 보았으면 좋겠습니다.

: 서울을 가로지르는 한강의 과거와 현재 :

강은 역사에서 가장 중요한 부분이에요. 강이 있어야 식수를 구할 수 있고 농사를 지을 수 있어요. 그렇기 때문에 사람들은 신석기 시대부터 강 근처에서 살았답니다. 강 근처는 땅이 평평하기 때문에

농지를 구하기 쉽고 도시를 건설하기도 좋아요. 이런 여러 가지 이유 때문에 전 세계 어디를 가 보더라도 강을 중심으로 역사가 발전합니다. 인류 최초의 문명이라고 불리는 이집트 문명의 경우 나일강을 따라 도시들이 건설되었죠. 같은 시기 혹은 이집트 문명보다 먼저 발전한 메소포타미아 문명은 유프라테스강과 티그리스강 사이에 많은 도시 국가들이 만들어졌습니다. 인더스 문명의 경우에는 인더스강이, 중국 황허 문명의 경우 황허라는 긴 강을 따라 발전했고요.

― 강을 중심으로 발달한 도시 ―

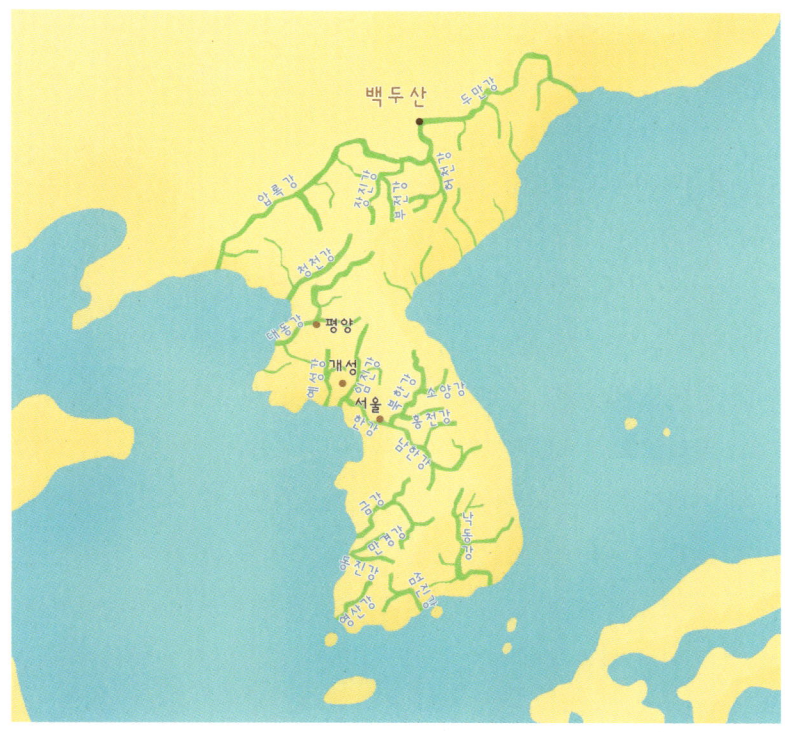

　우리나라 역시 마찬가지예요. 오늘날 한반도에서 가장 큰 도시인 서울은 한강을 중심으로 발전했습니다. 고려의 수도였던 개성에는 예성강과 임진강이 흘러요. 한반도에서 두 번째로 큰 도시이자 고구려의 마지막 수도였던 평양의 경우 대동강이 흐르고 근처에 보통강도 있답니다. 금강과 낙동강은 한반도 남부 지역에 흐르는 중요한 강이고 충청도와 경상도 인근의 도시가 발전하는 데 지대한 영향을 미쳤습니다.

오늘날에는 지리학이 발전했기 때문에 강을 설명할 때 강이 시작되는 발원지부터 바다로 흘러나가는 곳까지를 하나의 강으로 지칭해요. 예를 들어 한강의 경우 강원도에서 시작하는 북한강과 남한강이 남양주 인근에서 하나로 합쳐진 후 서울을 가로지른 다음 강화도 근처에서 서해로 빠져나가는 형태거든요. 이게 모두 한강인 거죠.

하지만 과거에는 그렇지 않았어요. 지리학이 발전하지도 못했고 지금처럼 항공기, 인공위성, 사진기 등의 정밀한 측정 도구를 가지고 있지도 않았죠. 도로나 철도가 놓여서 자동차나 기차가 다니지도 않았고요. 사람들은 대부분 걸어 다녔고 기껏해야 말을 타고 다니는 정도였습니다. 길이라는 것도 지금보다 훨씬 좁을 수밖에 없었고요. 그만큼 자연이 거대하다고 느꼈어요. 곳곳에 거대한 산과 숲이 있고 쉽게 건널 수 없는 강이 이어졌던 거죠. 사람들의 활동 범위 또한 매우 좁았어요. 과거 시험을 보기 위해 한양에 올라가거나 지방관으로 파견되는 경우를 제외한다면 대부분의 사람들은 태어난 곳에서 평생을 살았죠. 매번 같은 사람들을 만나고 같은 농지에서 농사를 지으면서 기껏해야 5일장이 열리는 날 읍내에 다녀오는 정도였습니다. 식수를 구하거나 물고기를 잡기 위해 근처 강에 가더라도 매번 같은 곳이었겠죠? 그러다 보니 오늘날 우리 입장에서는 하나의 강이라고 하더라도 당시에는 수많은 이름을 가지고 있었답니다.

대표적인 게 한강이었어요. 경강, 용산강, 동강, 서강, 조강 등 여러 이름이 있었습니다. 우선 경강은 '한양 근처를 흐르는 강'이라는 뜻이에요. 경강은 광나루부터 양화나루 정도까지를 의미합니다. 오늘날로 말하면 광진구에서 마포구 정도입니다. 남한강과 북한강이 만나는 남양주의 두물머리나 서해로 빠져나가는 한강 하구는 빠져 있죠. 말 그대로 수도 한양을 감싸는 정도만을 경강으로 인식했던 거예요. 오늘날 김포와 강화도 일대의 한강은 조강이라고 불렀습니다. 한양하고 멀뿐더러 임진강, 예성강의 물줄기와 만났기 때문에 이름이 달랐어요.

오늘날에는 잠실수중보, 신곡수중보 등 한강에 '보'를 설치해 물이 서해를 향해 한 방향으로 흐르게 해 놓았습니다. 과거에는 그렇지 않았어요. 서해에는 밀물과 썰물이 있잖아요? 매일 매일 한강은 역류했습니다. 한강 하구부터 용산 일대까지 물이 밀려들어 왔어요. 생각해 보면 장관이지 않나요? 한강이 하루에 한 번씩 방향을 바꿔서 흘렀으니까요. 한강이 변화를 일으키는 것이 중요했어요. 왜냐하면 전국의 조운선이 이 물길을 이용했거든요.

> **조운선**
> 물건을 실어 나르는 데 쓰는 배를 말해요.

잘 알다시피 한반도는 좁고 긴 형태잖아요? 더구나 내륙에는 산이 많기 때문에 육로 교통이 발달하기 어려웠어요. 강이 많기는 하지만 한반도를 남북으로 관통하는 형태는 없기 때문에 이용이 쉽지 않았고요. 그러다 보니 해안선이 발달해요. 바닷가에 가 보면 수심이 깊지 않잖아요? 우선 해안가에 조창이라는 큰 창고를 만듭니다. 그리고 각각의 지역에서 세금으로 내야 하는 쌀이나 특산품을 모두 조창으로 옮겨요. 그리고 조창에서 배에 실은 후에 남해와 서

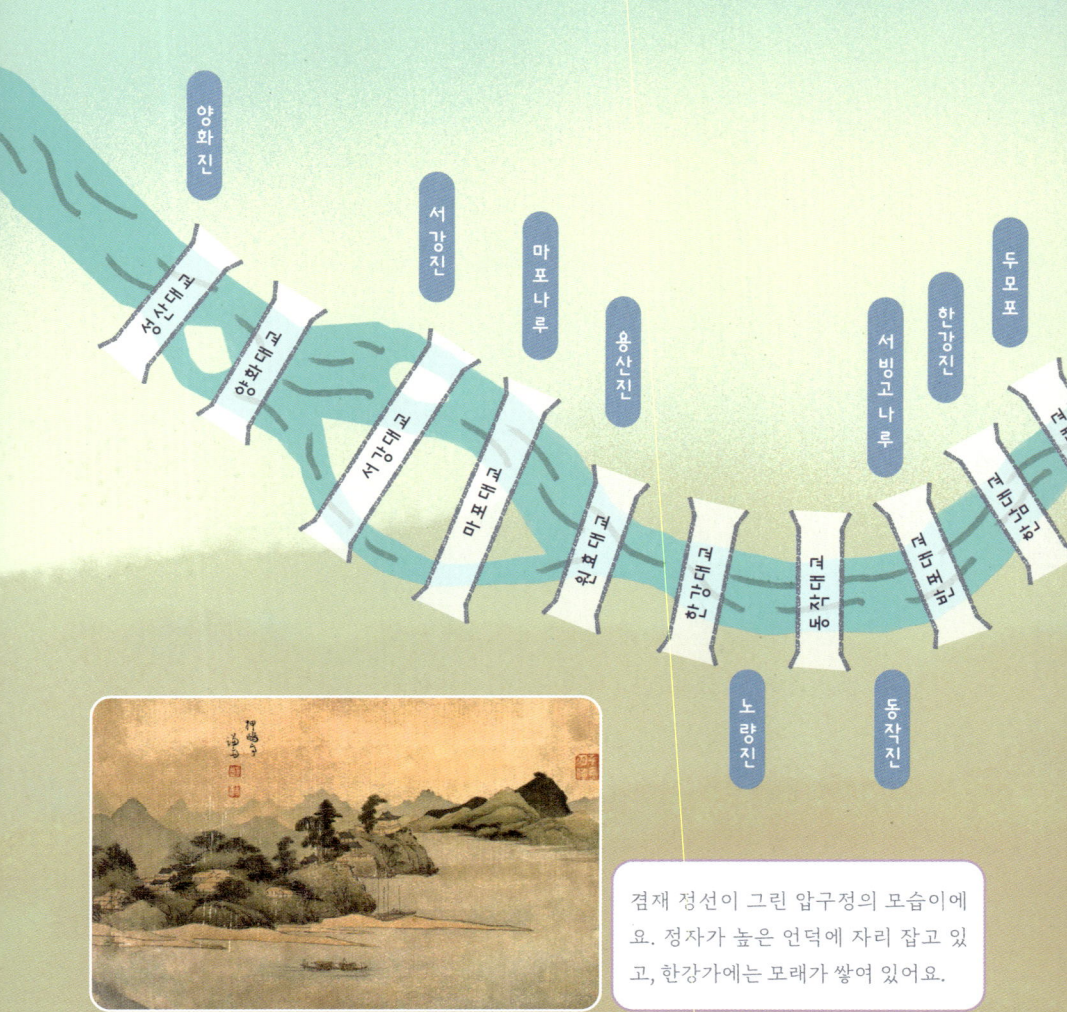

오늘날 한강을 가로지르는 대교들과 조선 시대 나루터의 위치

양화진 · 서강진 · 마포나루 · 용산진 · 서빙고나루 · 한강진 · 두모포
성산대교 · 양화대교 · 서강대교 · 마포대교 · 원효대교 · 한강대교 · 한강철교 · 동작대교 · 반포대교 · 잠수교
노량진 · 동작진

겸재 정선이 그린 압구정의 모습이에요. 정자가 높은 언덕에 자리 잡고 있고, 한강가에는 모래가 쌓여 있어요.

겸재 정선이 그린 광나루의 모습이에요. 여러 척의 배가 강을 지나고 있어요.

구리암사대교

광진교

광나루

뚝섬나루

잠실대교

청담대교

영동대교

이형록 화백이 1800년대에 그린 그림 〈나룻배〉. 두 척의 배 중 햇볕을 가린 천이 있는 곳에는 갓을 쓴 양반이 타고 있어 다른 배와 구분이 돼요. 장사꾼과 소와 말까지 다양한 신분의 사람들이 배를 통해 한강을 이동하고 있어요.

해의 얕은 바다를 항해해서 서울까지 오는 거예요. 이런 방식으로 물건을 옮기고 세금을 징수하는 것을 조운제도라고 해요. 물건을 옮기는 배는 조운선이라고 했고요. 지주에게 바치는 쌀 혹은 시장에 팔려고 생산한 상품 작물도 이런 방식으로 옮겼습니다.

그러면 수많은 배는 어디로 몰려들까요? 한강 하구에 있는 강화도나 김포에 오게 돼요. 그리고 때를 기다리는 거죠. 한강이 역류하면 돛을 펴고 한양 근처까지 옵니다. 한강의 역류가 멈추는 곳이 용산이에요. 용산은 평탄하고 넓은 대지였기 때문에 배를 대기 좋았어요. 이곳에 각종 물품을 내려놓았으니 수많은 사람들이 용산에 모여서 쌀도 옮기고 장사도 했겠죠? 그러다 보니 이곳을 용산강이라고 불렀습니다. 배가 머무는 곳에 사람들이 모일 수밖에 없잖아요? 한강나루, 마포나루, 광나루 같은 곳이 포구라고 해서 배가 머물던 곳이에요. 원래 한강의 경우 한강나루 근처를 부르던 이름이고요. 마포나루는 용산 근처예요. 용산 쪽에 배가 많이 몰리면서 조선 중기가 되면 모래톱이 많이 쌓이거든요. 그러다 보니 조선 후기에는 수많은 배들이 용산보다는 마포를 향합니다. 광나루 쪽은 강원도에서 오는 물자가 몰리는 곳이었어요. 강원도에 있는 좋은 나무를 잘라서 뗏목 형태로 만들어서 흘려보내면 광나루에 도달하거든요. 남양주에서 광나루쪽으로 한강이 크게 꺾이는 구조이기 때문에 물의 속도가 느리고 잔잔해요. 그러다 보니 강원도 쪽의 물자를 내려보내기 편리했어요.

심지어 한강을 호수라고 부르기도 했어요. 강이 크고 날씨가 맑은 날 산에서 내려다보면 잔잔했으니까요. 더구나 용산을 중심으로 한강이 또 한 번 크게 꺾였으니 마치 동쪽과 서쪽에 큰 강 혹은 큰 호수가 두 개가 있는 것처럼 보였답니다. 그래서 나온 말이 동강, 서강 혹은 동호, 서호라는 말이에요. 오늘날 한강다리 중에 동호대교와 서강대교가 있잖아요? 이런 말을 따서 지은 이름이랍니다.

: 비로소 상업이 발달하기 시작하다 :

조선 후기가 되면 상업이 발전해요. 수많은 상인이 등장해서 무역을 하고 장사를 했습니다. 한양의 종로 거리에서 장사하는 시전 상인부터 남대문과 동대문 일대에서 장사하는 난전 상인까지 다양했어요. 오늘날에도 종로와 남대문, 동대문은 거대한 상권을 형성하고 있답니다. 송파장도 유명했어요. 오늘날 석촌호수 근처에 커다란 도매 상권이 만들어졌어요. 지금도 노량진 수산시장이나 가락동 농수산물시장같이 거대한 도매 시장이 있잖아요? 이곳에서 상인들이 물건을 사다가 일반 소비자한테 판매하거든요. 당시에도 비슷했어요. 송파장에서는 대상인들이 모여서 물건 값을 흥정하고 거래했답니다. 이 때문에 문제가 생기기도 했죠. 도고가 등장했거든요. 도고는 독점 상인을 이야기해요. 전국의 인삼을 독점 판매하거나 사과나 참외를 모두 사들여서 독점해 버리는 거예요. 그렇게 한 후 가격을 제멋대로 올리고 내리고 하는 거죠. 대상인들끼리 담합해서 가격을 조작해 폭리를 취하는 등 종종 문제를 일으켰습니다.

조선 후기에는 '선상'들이 유명했어요. 이들은 배를 통해 전국의 물자를 옮겨 오는 상인인데 한강뿐 아니라 대동강, 금강 같은 한반도의 주요 강에서 활약했습니다. 그중에서 가장 잘나가던 상인들이 경강상인이에요. 한양을 무대로 활약하는 상인들이었는데 직접 배를 만드는 등 새로운 산업에 진출하기도 했습니다. 포구에는 객주와 여각이 있었어요. 배에서 각종 물자를 내리면 보관을 해 두어야 하잖아요? 그리고 물건을 옮기거나 하는 사람들이 머무를 숙소도 필요하고요. 장사를 하다 보면 큰돈이 필요하니까 돈을 빌리는 은행 같은 기관도 있어야 하고요. 객주와 여각이 그런 일을 담당했습니다.

이밖에도 전국을 무대로 삼는 상인들이 있었어요. 중국이나 일본과 무역을 하고 한반도 전체를 돌아다니면서 큰 장사를 하는 사람들이랍니다. 의주에서 중국을 넘나들었던 만상, 동래에서 일본인들을 상대했던 내상, 평양에서 장사를 했던 유상 그리고 인삼 거래와 무역에 큰 영향을 미쳤던 개성상인, 송상이 이들입니다. 농업이 중심이 되었던 조선 전기와는 사뭇 다른 모습이죠?

조선 후기 실학자들

조선은 왜  서양 문물을 늦게 받아들였나요?

: 세계사에 새로운 획을 그은 유럽의 르네상스 :

고대 로마제국 이후 유럽은 인류의 역사에서 주목받던 곳이 아니었어요. 오랜 기간 혼돈을 거듭한 중세 유럽은 동아시아는 물론이고 이슬람에 비해서도 후진적인 사회였거든요. 그런데 15세기 르네상스 이후 엄청난 변화가 이어졌습니다. 르네상스를 통해 인간의 가치를 재발견하고, 철학, 문학, 미술, 음악 등 모든 부분에서 큰 변화가 일어나요. 오늘날에도 유명한 레오나르도 다빈치, 미켈란젤로 등이 모두 이때 인물들이랍니다. 종교개혁이 일어나면서 교회가 분열되었고 종교의 의미가 바뀌게 됩니다. 사람들은 주체적으로 자신들이 믿고 싶은 바를 믿고 성당이든 교회든 원하는 곳을 다니게 돼요. 그리고 서로의 생각이 다를 수 있다는 것을 인정하는 관용의 문화가 꽃피게 되고요.

같은 시기 유럽인들은 바다를 통해 아시아에 왔고 신대륙을 정복합니다. 농업보다 상업이 중요해졌고 무역이 발전해요. 그리고 산업혁명까지 일어나죠. 철도가 대륙을 횡단하고, 증기선이 세계 곳곳을 누비며, 하루가 다르게 새로운 발명품이 등장합니다. 교통혁명이 일어나고 기계라는 새로운 도구를 통해 인간의 삶이 획기적으로 변화해요. 이러한 변화에 힘입어 유럽에는 강력한 힘을 가진 나라들이 등장합니다. 영국, 프랑스, 독일, 러시아 등이 대표적이에요. 영국은 해군을 크게 발전시킵니다. 스페인, 포르투갈, 네덜란드를 제압하고 동인도회사를 설립하여 아시아 무역권을 지배합니다. 시민혁명과 산업혁명 모두 영국에서 가장 먼저 일어났기 때문에 유럽의 선발 국가로 빠른 발전을 하게 됩니다. 프랑스와 독일은 영국의 뒤를 쫓으며 빠르게 성장했습니다.

그리고 러시아 또한 이때 빠르게 성장해 나가요. 원래 러시아는 유럽 국가였거든요. 그런데 우랄산맥을 넘어 시베리아로 진출합니다. 총이 나오고 기술이 발전하면서 더 이상 유목민족들이 힘을 못 쓰게 된 상황에서 러시아는 무적이었습니다. 중앙아시아를 거쳐 극동아시아 연해주 일대까지 힘을 뻗치게 됩니다. 중국이나 일본 외에도 새로운 강력한 세력이 등장했던 겁니다.

: 개혁을 주장한 실학자들 :

조선 후기에는 실학자들이 등장하면서 새로운 변화를 주도합니다. 퇴계 이황, 율곡 이이 등이 주도하던 기존의 성리학과는 조금 다른 생각으로 새로운 도전을 한 인물들이에요. 연암 박지원, 다산 정약용 등이 대표적인데 오늘날에도 널리 알려진 인물들이죠. 청나라를 여행하며 남겼던 박지원의 《열하일기》라든지 훌륭한 지방관이 무엇인가를 설명한 《목민심서》 같은 책은 지금도 많이 읽힙니다. 박지원이나 정약용 말고도 저명한 인물이 많았어요. 《반계수록》을 쓴 유형원, 《성호사설》을 쓴 이익, 《북학의》를 쓴 박제가 등 창조적인 인물들이 많이 나왔습니다.

이들은 크게 두 부류로 나뉘어요. 박지원, 박제가 등은 북학파라고 부릅니다. 이익, 정약용 등은 토지개혁론자들이라고 부르고요. 북학파는 청나라를 예찬하고 청나라의 문물을 받아들여야 한다고 주장했던 사람들입니다. 또한 상공업을 발전시키고 농업 생산력을 높이는 등 풍요롭고 부유한 나라가 되어야 한다고 생각했습니다.

> **사절단**
> 나라를 대표하여 외국에 나가 특별한 업무를 하는 사람들을 뜻해요.

박지원, 박제가 등은 **사절단**의 일원으로 청나라에 다녀와 당시 중국의 사정을 꼼꼼히 파악했답니다. 흙으로 집을 짓고 소로 농사를 짓는 우리나라와는 다르게 벽돌을 사용하여 건물을 짓고, 말로 농사를 짓는 중국. 바퀴를 다양하게 활용해 우리나라에서는 볼 수 없던 각종 수레와 마차가 굴러다니는 나라. 여전히 백자를 사용하고 기껏해야

청색 문양을 넣은 청화백자를 애용하던 우리와 달리 붉은색, 분홍색, 노란색 등 이전에는 볼 수 없던 정말이지 너무나 화려한 도자기를 생산하는 나라. 조선보다 훨씬 부유하고 상업이 크게 발전했으며 전 세계 상인들이 몰려들어 엄청난 규모로 무역을 하는 나라. 청나라는 시간이 갈수록 발전했고 너무나 풍요로운 나라가 되었습니다. "오랑캐라고 무시하면 안 된다. 배워야 한다. 배워서 우리도 잘 살아야 한다." 박제가는 의복과 말도 청나라 것으로 바꾸어야 한다고 주장했어요. 요즘으로 말하면 영어를 공용어로 사용해야 한다고 주장했던 거예요. 그만큼 조선이 정체되어 있고 뒤떨어졌다고 생각한 겁니다.

이익, 정약용 같은 경우는 개혁을 주장했어요. 당시 조선이 경제적으로 어려웠던 것도 사실이지만 더욱 심각한 문제가 있었습니다. 소수의 지주들이 대부분의 땅을 소유하며 소작제를 실시했어요. 땅을 농민들에게 빌려줬는데 그 대가로 최소 50퍼센트에 달하는 소작료를 받았답니다. 100석을 생산하면 50석, 150석을 생산하면 75석 하는 식으로 가져갔던 거예요. 요즘으로 말하면 월급을 200만 원 받으면 그중 100만 원을 돌려줘야 했던 셈이죠. 국가에 내는 세금이 3~5퍼센트 정도였던 데 반해 소작료가 50퍼센트에 달했으니 말할 수 없이 높은 금액이었던 거죠. 그걸로 끝이 아니었어요. 봄철이 되면 언제나 식량이 부족해서 먹고살기 힘들었거든요. 그러면 지주들이 쌀을 빌려주면서 이자를 붙여요. 가을에 추수할 때 갚으라는 거예요. 이를 '볏돈', '보릿돈'이라고 불렀는데 기존의 소작료와 합쳐서 60~80퍼센트까지 내는 경우도 있었습니다. 농민들의 살림살이가 너무너무 힘들었던 거예요.

 정약용 등은 강력한 토지개혁안을 제안합니다. 토지를 재분배해야 한다는 거예요. 지주들에게서 땅을 빼앗아서 재분배를 해야만 농민들이 넉넉한 토지를 갖고 자영농이 될 수 있다는 거죠. 그래야만 나라 경제가 안정되고, 국가에서도 농민들을 대상으로 적당한 세금을 걷으면서 안정적으로 통치할 수 있고요. 마치 고려 말을 보는 거 같아요. 고려 말에 권문세족들이 토지를 독차지해서 문제가 많았잖아요? 조선이 건국되는 과정에 과전법이라는 토지개혁이 있었고요. 그런데 조선 후기가 되니 같은 문제가 반복된 거예요.

: 발전하는 세계와 달리 과거에 머물고 만 조선 :

당시 세계는 너무나 역동적으로 변화하고 있었어요. 중국의 경우 여진족이 세운 청나라가 대륙 전체를 지배했잖아요? 몽골처럼 쉽게 사라진 게 아니라 300년 넘게 중국을 통치했어요. 단지 중국만 지배한 게 아니라 만주, 몽골평원, 신장 위구르, 티베트 등 만리장성 북쪽의 모든 지역을 청나라 영토로 통합한 겁니다. 역사상 단 한 번도 없던 일이 벌어졌어요. 만리장성을 기준으로 남쪽에는 중국인들이, 북쪽에는 북방민족이 살았잖아요? 기껏해야 실크로드 일대의 지배권을 두고 다투면서 공존했는데 오래된 틀을 완전히 깨 버렸던 거예요. 전통적으로 중국은 비단, 차, 도자기가 세계적으로 유명했는데 청나라 때도 마찬가지입니다. 특히 도자기의 인기가 좋았어요. 이슬람과 아프리카는 물론이고 유럽의 절대 군주들이 도자기

샤를로텐부르크 궁전의 모습

1695년 신성로마제국의 프리드리히 1세 왕이 왕비를 위해 지은 궁인 샤를로텐부르크 궁전은, 중국에서 수집한 호화로운 도자기가 넘쳐나는 것으로 유명해요.

로 자신의 방을 꾸밀 정도였으니까요. 전 세계 상인들이 몰려들었고 특히 유럽 상인들과 선교사들이 중국에 정착하면서 서양의 새로운 기술이 소개되었답니다.

일본 또한 큰 변화를 겪고 있었어요. 일본은 임진왜란 이후 에도 막부가 들어섭니다. 상업에서 엄청난 발전이 있었어요. 일본은 무사 사회잖아요? 중앙에는 쇼군이라 불리는 무사의 지배자가 나라를 통치합니다. 지방에는 다이묘라고 불리는 무사 제후들이 자신들의 영지를 통치해요. 다이묘들은 1년은 에도에서 살고 1년은 자신의 영지에서 살았습니다. 혼자 사는 게 아니라 수많은 가신을 거느렸기 때문에 해마다 이동하는 모습이 장관이었답니다. 수십에서 수백 명의 사람들이 전국에서 에도로 몰려들고, 다시 자신의 영지로 오갔으니 교통과 유통이 발전할 수밖에 없었어요. 길이 새로 놓이고, 수천, 수만의 사람들이 이동하면서 식사를 하고 여흥을 즐겨야 했기 때문에 수많은 음식점이 번성하고 상업이 발전했습니다.

일본을 가 보면 지역마다 거대한 성들이 있어요. 무사는 성 안에 살았죠. 무사에게 필요한 물품을 공급하는 상인들은 조카마치라 불리는 곳에 살았는데, 쉽게 말해 성 근처에 살았다고 보면 돼요. 농민들의 경우 농촌에서 농사를 지었어요. 신분에 따라 사는 곳이 나뉜 거예요. 우리나라에서는 찾아보기 힘든 구조이지요. 우리나라는 지배층인 양반이 지주였기 때문에 소수의 명문가를 제외하고는 대부분 농민들과 함께 농촌에서 살았거든요. 그런데 일본은 달랐습니다. 계급별로 사는 곳이 나뉘니 농촌에서 생산된 물품과 도시에서 필요로 하는 물품을 옮기는 과정에서 상업이 다시 한 번 발전합니다. 마치 오늘날처럼 도시와 농촌이 구분되어 있고 농촌에서 생산된 물품이 기업을 통해 도시로 옮겨 오는 것 같은 구조가 만들어진 거예요.

에도 막부의 경우 쇄국정책을 펼치긴 했지만 네덜란드인들과는 소통을 이어 갔답니다. 데지마라는 인공 섬을 만들고 이 섬에 네덜란드인들을 살게 했어요. 네덜란드 상인, 의사, 지식인들이 이곳에 머물면서 일본인들에게 유럽의 지식을 전달해 주었습니다. 스키다 겐파쿠 같은 일본인 승려는 이들과 교류하면서 동아시아 최초로 해부학 연구서를 내기도 했습니다. 임진왜란 때부터 일본인들은 동남아시아 구석구석까지 진출해 있었거든요. 중국과 마찬가지로 세계의 사정에 관하여 잘 알고 있었던 거죠.

> **쇄국정책**
> 다른 나라와의 무역과 교류를 금지하는 정책을 말해요.

이에 반해 조선의 상황은 쉽지 않았어요. 우선 영조, 정조 같은 훌륭한 통치자가 나왔지만 지도자가 모든 것을 이룰 수는 없잖아요? 박제가를 비롯한 일부 서얼들이 등용되긴 했지만 여전히 신분제는 꽉 막혀 있었습니다. 서얼은 문과 시험을 볼 수 없고 농민들은 농사를 짓는 것 외에는 나아갈 길이 없었죠. 상업이 발전하긴 했지만 천박한 직업이라고 무시를 당했어요. 그나마 청나라와의 교류가 유지되었는데, 겉으로는 청나라를 섬기면서도 속으로는 오랑캐의 나라라고 무시했고, 이미 없어진 명나라를 섬기는 등 이상한 현상까지 생겼습니다. 우리 스스로를 '소중화'라고 여겼어요. 중화라는 말은 단순히 중국을 의미하는 게 아니라 동아시아 문화의 중심을 의미하거든요. 그런데 명나라가 사라지면서 중화가 없어졌으니 오직 조선만이 중화이고 청나라는 여전히 오랑캐라는 근거 없는 우월감에 사로잡히게 된 겁니다.

사정이 이랬기 때문에 실학자들의 과감하고 도전적인 생각은 외면받았습니다. 청나라의 문물을 받아들여야 한다는 북학파의 생각은 무시당하기 일쑤였어요. 이익이나 정약용의 토지개혁안 역시 받아들여지지 않습니다. 과격하다고 여겨졌거든요. 어차피 과거 시험을 보고 관료가 되는 계층은 양반이었기 때문에 조정에는 일부 뜻있는 신하를 제외하고는 대부분 양반의 기득권을 유지하는 데만 힘을 쏟았죠. 실학자들의 뛰어난 생각은 현실의 벽에 막혀 그저 생각에 머물 수밖에 없었습니다.

김홍도와 신윤복

조선 시대 최고의 화가는 누구예요?

: 유럽에서 인기를 끈 인상주의 작품 :

인간에게는 예술적 재능이라는 게 있어요. 선사시대부터 인류는 노래를 부르고, 그림을 그리고, 춤을 추는 등 다양한 재능을 발휘했습니다. 시간이 지날수록 이러한 예술적 능력은 보다 전문적으로 발달하게 됩니다. 음계와 악기를 만들고 정교한 형태로 작곡을 하기도 하고요. 눈에 보이는 것을 넘어 추상적인 생각을 그림으로 표현하기도 하죠. 정교한 음악에 맞추어 집단적으로 예술적인 춤을 추기도 합니다. 널따란 바위에 그림을 새겨 그리기도 하고, 불교에 영향을 받아서 석탑이나 불상을 만들기도 합니다.

이러한 예술적인 변화와 발전은 동서양을 막론하고 세계 각지에서 일어납니다. 중세 때는 주로 종교적인 주제의 예술이 발전했지만 근대 사회가 되면 장르가 다양해져요. 미술 분야 또한 그래요. 동아시아에서는 산수화나 인물화를 주로 그렸는데 일본의 경우 에도막부 때가 되면 '우키요에'라는 색판화가 그려집니다. 인물의 표정을 섬세하게 그리고, 화려한 색감으로 일본의 정취를 표현한 우키요에는 새로운 예술적 장르로 자리 잡았답니다.

    유럽에서도 다양한 화풍이 인기를 끌어요. 마네, 모네 그리고 고흐 같은 화가들은 보이는 것을 정확히 그리기보다는 감각적인 느낌과 인상을 중요시 여겼어요. 붓 터치가 거칠지만 오히려 화가가 받은 강렬한 인상을 더 강조하여 표현할 수 있는 이런 그림을 '인상주의' 작품이라고 합니다. 인상주의를 비판하면서 프랑스 민중의 고단한 삶을 정확히 표현하는 '사실주의'가 유행하기도 해요. 미술이 발전을 거듭하고 위대한 화가가 등장하면서 일어난 변화라 할 수 있습니다. 물론 우리나라에서도 그러한 변화가 일어납니다.

: 그림보다 붓글씨를 중시한 동아시아 :

조선 후기에는 이전에는 볼 수 없었던 다양한 문화가 발전합니다. 시기적으로 따져보았을 때 지금부터 200~300년 전이기 때문에 많은 자료들이 남아 있고 그래서 당시의 상황을 소상히 알 수 있어요. 조선 전기만 하더라도 남겨진 자료가 별로 없거든요. 임진왜란을 겪으면서 자료가 너무 많이 사라져 버렸습니다.

    조선 시대에 가장 중요한 예술 행위는 서예예요. 붓글씨를 쓰는

― 가쓰시카 호쿠사이의 〈개풍쾌청〉과 클로드 모네의 유화 〈인상, 해돋이〉 ―

- 우키요에는 17세기 에도에서 시작되어 당시 사람들의 생활과 풍경을 그린 풍속화예요. 강렬한 색상을 사용하고 배경을 단순하게 처리하는 특징이 있었답니다.
- '인상주의'라는 용어를 처음으로 탄생시킨 작품으로 유명한 모네의 〈인상, 해돋이〉는 르아브르 항구의 아침 풍경을 그린 유화예요.

추사 김정희의 서첩

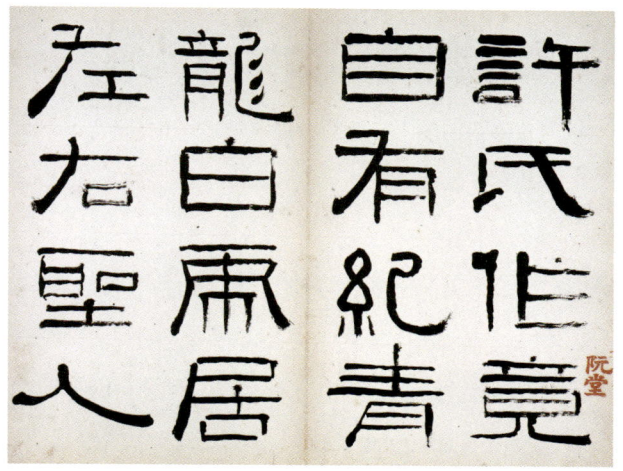

것을 중요하게 여겼고 붓글씨를 잘 쓰는 것이야말로 예술적으로 가장 뛰어난 행위라는 평가를 받았습니다. 유럽이나 다른 지역에서는 그림이 발전했다면 중국이나 우리나라, 일본 같은 경우는 그림보다 서예를 한 수 높게 쳤답니다.

조선 전기에는 안평대군이나 한호가 유명했어요. 선조 또한 붓글씨를 정말 잘 썼습니다. 조선 후기에도 여러 명필이 나와요. 이광사 같은 사람은 동국진체를 주장했어요. 대부분의 붓글씨 대가들이 중국 서예가들의 필체를 흉내 냈거든요. 이광사는 우리만의 독자적 붓글씨로 나아가야 한다고 주장하면서 독특한 붓글씨에 도전했답니다.

조선 후기에 가장 유명한 인물로는 김정희가 있습니다. 김정희는 명문가 집안에서 태어나서 일찍부터 중국을 다녀오는 등 당대

세한도

최고의 문화예술계 인사들과 교류했습니다. 김정희는 중국을 중심으로 한 국제적인 붓글씨 트렌드에 민감했어요. 그는 오랜 노력 끝에 국제적인 감각을 가지면서도 독자적인 붓글씨체를 확립합니다. '추사체'가 그것이에요. 어디서도 찾아보기 힘든 개성 있는 글씨체죠? 우리나라는 물론이고 중국에서도 극찬을 받았습니다.

하지만 김정희의 삶은 행복하지 못했어요. 정치적으로 뛰어난 능력을 가졌지만 세력 다툼에서 밀려 제주도에서 오랫동안 유배 생활을 했습니다. 그러한 속상함과 아쉬움을 달래기 위해서라도 붓글씨에 매진했고 특별한 예술적 성취를 거두었답니다. 김정희가 그린 〈세한도〉라는 작품이 유명해요. 큰 뜻을 품었으나 유배지에서 아픈 마음을 달랠 수밖에 없는 심정을 그린 그림입니다. 오늘날의 우리가 이해하기 어려운 부분도 있지만 당대에는 우리나라뿐 아니라 중국에서도 크게 인정받은 명작 중의 명작이랍니다.

: 새 장르를 개척한 정선과 천재 화가 김홍도, 양반을 그린 신윤복 :

조선 후기에는 뛰어난 화가들이 연이어 등장해요. 겸재 정선이 대표적입니다. 정선은 '진경산수화'라는 장르를 개척한 인물이에요. 동아시아에서는 산수화를 많이 그렸거든요. 거대한 자연의 정경을 한 폭의 그림으로 담았는데 높은 예술성에도 불구하고 산수화는 상상화였죠. 눈에 보이는 자연을 그린다기보다는 상상에 근거해서 자연을 예찬한 그림들이었습니다.

정선은 이에 정면으로 반대합니다. 눈에 보이는 자연을 그리겠다는 거죠. 정선은 '진경'을 강조합니다. 머릿속에 상상하는 산과 나무와 물이 아닌 '진짜 경치', 즉 눈에 보이는 산과 나무와 물을 그리겠다는 거죠. 거대한 발상의 전환이 일어난 거예요. 그런데 날씨에 따라 보이는 풍경이 계속 바뀌잖아요? 흐린 날에는 어둡게 보이고, 맑은 날에는 예쁘게 보이고……. 그러다 보니 무엇이 진짜 경치인지에 대해서 생각이 다를 수 있어요. 정선은 그러한 부분을 인정해요. 정선은 무작정 눈에 보이는 경치를 따라 그리고자 한 것이 아니에요. 눈에 보이는 경치를 바탕으로 예술가가 강조하고 싶은 바를 표현하고자 했어요. 그렇게 그려진 대표적인 작품이 〈인왕제색도〉예요. 경복궁 옆에 있는 산이 인왕산이거든요. 정선이 어느 위치에서 산을 보고 그렸는지 알 수 있을 정도로 정밀하게 그린 그림입니다. 동시에 바위를 강한 먹선으로 표현하는 등 정선만의 예술적 감각으로 멋스럽게 완성했습니다. 눈에 보이는 경치를 받아들이되 예술가의 독특한 시각이 섞여 있는 작품이 등장한 거예요. 기존에 산수화를 그리던 방식과는 다른 시도였지요.

정선은 금강산을 좋아했어요. 평생에 걸쳐서 수십 차례 금강산을 방문하며 수많은 그림을 남겼어요. 산봉우리 개수만 1만 2천 봉이라 부를 정도로 금강산은 크고 넓고 광대한 산이거든요. 이곳을 두루 돌아보면서 다양한 작품을 그렸습니다. 화법이 독특했고 새로웠기 때문에 후배 화가들에게 영향을 큰 미쳤답니다. 대표적인 작품이 〈금강전도〉입니다.

정선의 뒤를 이어서 나온 사람이 김홍도입니다. 김홍도는 정조가 정말 아꼈던 화가입니다. 김홍도 하면 풍속화가 유명해요. 민중의 생활상을 고스란히 화폭에 담았고 민중의 고통과 어려움 또한 정확히 표현했죠. 민중을 사랑했고 그림을 통해 민중의 어려움을 고발하기도 했습니다. 일반 민중은 농사일을 하느라 고생하고 있는데 지주는 아랑곳하지 않고 편하게 지내고 있는 모습을 그린 작품이 대표적이라고 할 수 있습니다. 생생하게 그림을 그렸기 때문에 당시 사람들이 어떻게 살았는지에 대해 쉽게 이해할 수 있어요.

그런데 김홍도는 풍속화가로만 유명한 인물이 아니에요. 김홍도는 당시에 존재하는 모든 장르의 그림을 다 잘 그렸어요. 정선의 영향을 받아서 강원도의 명승지를 답사하고 그린 진경산수화도 유명합니다. 또한 호랑이나 소나무같이 민화의 소재로 쓰였던 동물이나 나무 또한 잘 그렸는데, 그 정밀함이 이루 말할 수 없습니다. 불화라고 해서 불교의 종교관을 표현하는 그림도 잘 그렸고, 특히 〈군선도병〉 같은 작품은 도교 신화를 담은 이야기인데 이 또한 최고의 예술작품으로 인정받고 있습니다. 그야말로 천재 화가이자 전천후 화가였던 셈이죠. 정조가 너무 아껴서 이례적으로 관직을 하사하기도 했어요. 조선 후기를 대표하는 화가이기도 하고 우리 역사 최고의 화가라고 불러도 손색이 없는 인물입니다.

단원 김홍도의 그림들

- 〈벼타작〉: 일하는 농민을 동정하는 마음과 놀면서 지켜보는 지주에 대한 비판적 시선이 함께 드러나요.

- 〈송하맹호도〉: 단원 김홍도가 스승인 표암 강세황과 함께 그린 그림으로 김홍도가 호랑이를, 강세황이 소나무를 그렸어요. 선비의 기개와 절개를 느낄 수 있는 그림이에요.

　　풍속화에서 두각을 나타낸 인물 중에는 신윤복이 있습니다. 김홍도가 평범한 민중의 모습을 그렸다면 신윤복은 양반들의 생활상을 묘사했어요. 양반들이 여흥을 즐기는 모습을 세심하고 화려한 색감으로 표현했습니다. 〈미인도〉라는 작품이 유명해요. 조선 후기 사람들이 생각하는 아름다운 여인이 무엇인가를 느낄 수 있는 작품입니다. 그리고 〈월하정인〉이라는 작품도 매력적입니다. 달이 비

월하정인

치는 밤에 연인이 데이트를 즐기는 모습이에요. 흥미로운 건 달의 모양이 특이하다는 거예요. 이를 두고 학자들의 논쟁이 있었어요. '달이 이런 모양으로 뜰 수도 있느냐.', '신윤복의 상상 아닌가.' 하고요. 과학적으로 따지자면 수백 년에 한 번씩 달의 모양이 〈월하정인〉에 나오는 것처럼 뜰 수는 있다고 해요. 하지만 신윤복이 살았을 때는 아니었다고 합니다. 신윤복의 상상이었던 셈이죠.

사실 정선이나 김홍도 그리고 신윤복 같은 인물들은 엘리트 화가였기 때문에 일반 백성들과는 거리가 있었습니다. 국왕이나 양반 사대부들에게 인기가 좋은 이들이었죠. 백성들이 좋아했던 그림

까치와 호랑이를 그린 민화 <작호도>

은 민화입니다. 민화는 예술적으로 훌륭한 그림이라기보다는 민중의 소박한 소망을 담고 있어요. 상징적인 그림이었거든요. 소나무와 잉어는 장수, 까치는 복, 호랑이는 전염병을 비롯한 액운을 방지하는 것을 의미합니다. 쉽게 말해 '우리 가족 행복하게 살 수 있게 해 주세요.'를 기원하는 작품이었던 거죠. 민화는 정말 많이 그려졌는데 대부분 비슷비슷하고 화가의 이름도 알려져 있지 않답니다. 하지만 민중들은 민화를 보면서 마음을 달랬어요. 그리고 민화에는 나름대로의 매력과 해학이 담겨 있답니다. 민중 스스로 자기들만의 예술을 추구했던 셈이지요.

세도정치와 천주교의 발달

인간은 왜
신을 믿나요?

: 우리 역사가 켜켜이 쌓인 종교 :

명절이 되면 차례를 지내는 집이 있고 예배를 드리는 집이 있어요. 때가 되면 제사를 지내는 가정이 있고 일요일마다 성경책을 들고 교회를 가는 가정이 있습니다. 불교를 믿는 가족이 있고 천주교를 믿는 가족도 있습니다. 아무것도 믿지 않고, 명절 때 여행을 가기도 하고요. 한 나라, 한 민족이긴 하지만 종교와 문화에서 큰 차이를 보이는 게 오늘 우리의 모습입니다.

그런데 한편으로는 예의범절을 중요시 여기고, 어른들에게는 존댓말을 사용합니다. 남녀가 평등해야 한다고 생각하고 인권을 중요하게 여기기도 하죠. 대한민국은 왕이 없고 투표를 통해 지도자를 뽑는 민주 국가이기도 합니다. 과거제는 사라졌지만 대학이나 회사에 들어가려면 어려운 시험을 통과해야만 하고요.

 차례와 제사를 지내고 존댓말을 사용하며 예의범절을 강조하는 것은 유교 문화 때문이에요. 일요일에 예배를 드리거나 일주일에 한 번씩 교회나 성당에 가고 때가 되면 절에 들러 예불을 드리는 것은 기독교와 불교 같은 종교의 영향입니다.

 이렇듯 매일 마주하는 우리의 일상을 꼼꼼히 따져 보면 수천 년간 내려온 우리 역사와 긴밀한 연관성이 있습니다. 어떤 것은 1,000년이 넘은 문화이기도 하고, 어떤 것은 500년 정도 된 것도 있고, 어떤 것은 150년이 된 것도 있고, 또 어떤 것은 이제 막 시작한 것도 있습니다. 선조가 살아온 역사, 우리가 살아간 역사는 우리의 문화와 습관에 하나하나 차곡차곡 배어 있답니다.

: 개혁의 물결을 틀어막은 세도정치 :

박지원과 정약용 등이 주도한 실학, 김홍도와 신윤복 등이 활약한 미술 등 조선 후기에는 다양한 변화가 일어납니다. 홍대용 같은 실학자는 천문학에 능했기 때문에 과학 기술 발전에 관심이 컸고 여러 책을 썼답니다. 안정복 같은 훌륭한 역사가가 등장하여 《동사강목》 같은 책을 쓰기도 했고요. 《연려실기술》, 《발해고》 같이 새로운 관점을 담은 좋은 역사책이 써지기도 했습니다.

 무엇보다 인상적인 사건은 김정호가 〈대동여지도〉를 편찬했다는 거예요. 지리학이 발전하면서 정교한 지도를 제작하려는 시도가

이어졌습니다. 김정호 이전에도 〈동국지도〉를 비롯해 여러 지도들이 만들어져요. 이것들 또한 조선 전기에 만들어졌던 것보다는 훨씬 정밀한 형태입니다. 김정호는 전국을 돌아다녔고 백두산도 수차례 등반했다고 해요. 다리에 줄을 매고 다니면서 땅의 길이를 잴 정도로 열정적이었던 김정호는 〈대동여지도〉라는 위대한 지도를 만드는 데 성공합니다. 10리마다 눈금을 표시한 정밀한 지도인데, 오늘날 만들어진 지도와 비교해 봐도 손색이 없는 수준입니다. 지도는 분첩 형태로 만들어졌어요. 다양한 정보를 담아야 했기 때문에 큰 종이에 지도와 내용을 담고 이것을 여러 권의 책으로 나눈 거예요. 모두 펼쳐서 붙이면 한반도 전체를 볼 수 있는 거대한 지도가 되는 것이고, 필요한 책만 펼치면 원하는 지역의 정보만 확인할 수 있는 방식이었답니다. 김정호는 지도를 완성한 후 다양한 방식의 판본을 만들어요. 한눈에 볼 수 있게 작은 목판본을 만드는 등 활용하기 편리한 지도를 제작했습니다. 앞서 살펴보았듯 조선 후기는 여러모로 어려움이 많았던 시절입니다. 하지만 어려운 상황에도 불구하고 여러 분야에서 창조적인 인물들이 활약을 펼쳤고, 지리학 분야에서 김정호는 중요한 업적을 이루어 냅니다.

정조의 사망 이후 조선의 사정은 날로 어려워집니다. 뛰어난 국왕이나 훌륭한 신하들이 등장하기는커녕 세도정치라고 하는 참으로 잘못된 정치가 펼쳐집니다. 조선 후기에는 당쟁이 심했잖아요? 특히 사도세자가 죽고, 정조가 등극하는 과정에서 붕당 간의 갈등이 더욱 심해졌어요. 영조와 정조는 이를 현명하게 대처하기 위해 노력했지만 그렇다고 문제가 해결된 것은 아닙니다. 정조가 죽은 후에 심환지, 김조순 같은 이들은 문제를 일으킵니다. 심환지의 경우 정조 때 추진되었던 다양한 문화 통치의 성과를 파괴해 버리고 맙니다. 변화와 개혁보다는 다시 과거로 돌아가야 한다고 생각했던 거 같아요. 김조순의 경우는 순조가 왕이 된 이후 권력을 장악합니다. 김조순은 순조의 장인입니다. 정조가 아들 순조의 후견을 부탁했음에도 불구하고 어린 순조를 돕는다는 명목으로 권력을 좌지우지합니다. 김조순은 '안동 김씨'였어요. 이때부터 안동 김씨의 세도 정치 시대가 시작됩니다. 순조는 허울뿐인 국왕이었어요. 여러 붕당이 있었지만 모든 권력이 안동 김씨의 손아귀에 들어오면서 붕당정치마저 무너지고 말아요. 순조는 수차례 안동 김씨의 세도 정치를 고쳐 보려고 했지만 번번이 실패하고 맙니다. 순조는 아들 효명세자를 지원하면서 다시 한 번 개혁을 도모합니다. 정치 개혁에 적극적이었고 유능했던 효명세자가 아버지의 후원 가운데 세도정치를 개혁하려 했지만 이 또한 실패하고 말아요.

    이러한 가운데 수많은 인재들 또한 기회를 잃고 맙니다. 대표적인 인물이 정약용이에요. 정조가 가장 아꼈던 신하잖아요? 정조가 죽은 후 천주교를 믿는다는 이유로 전라남도 강진으로 귀양을 가서 20년 가까이 유배 생활을 합니다. 정약용은 이곳에서 불굴의 의지로 학문에 정진하였고《목민심서》,《흠흠신서》,《경세유표》같은 위대한 책을 쓰는 등 대학자로 거듭납니다. 하지만 정조 때처럼 조정에 돌아와서 일을 하지는 못합니다. 정약용의 형이었던 정약전 또한 뛰어난 인물이었어요. 하지만 정약전도 정약용과 같이 유배를 갔지요. 정약전은 전라남도 흑산도로 끌려갔습니다. 이곳에서 수산업에 관심을 가지면서 우리 역사 최초의 어업 연구서로 평가를 받는 《자산어보》라는 책을 남깁니다. 하지만 그도 정약용처럼 조정으로 돌아와서 뜻을 펼치지는 못합니다. 추사체로 유명한 김정희 또한 마찬가지입니다. 김정희 역시 정치 개혁의 뜻이 강했지만 그 역시 제주도에서 유배를 하며 힘든 시절을 보내게 됩니다. 세도정치 하에서 유능한 인재들에게 기회가 주어지지 않았던 겁니다.

이런 시간이 반복되었어요. 순조가 죽은 후 헌종과 철종이 즉위했지만 실권은 안동 김씨들이 가지고 있었습니다. 때에 따라 반남 박씨나 풍양 조씨가 권세를 누리긴 했지만 이들 또한 안동 김씨들과 별다를 바 없는 인물들이었어요. 철종은 강화도에서 농사를 짓던 인물입니다. 혈통은 전주 이씨지만 왕실에서 먼 친척이었고 평범한 농부였답니다. 그런데 안동 김씨가 권력을 유지하기 위해 그를 왕으로 삼았어요. 훌륭한 군주가 등장하지 않고, 역량 있는 신하들이 천대를 받으며 쫓겨나는 시대가 무려 60년이나 이어졌습니다.

안동 김씨는 매관매직을 일삼았어요. 매관매직이라는 말은 돈을 받고 관직을 판다는 거예요. 병조판서 1억, 이조판서 3억, 뭐 이런 식으로 장사를 한 거예요. 이런 방식으로 관직에 오른 이들이 백성을 위한 올바른 정치를 펼칠 리가 없잖아요. 많은 돈을 들여서 권력자가 되었으니 이번에는 그렇게 얻은 권력을 이용해 백성들의 가렴주구를 일삼았어요. 토지를 빼앗고 각종 이권에 개입해 온갖 이득을 챙기는 등 백성들의 삶이 하루가 다르게 나빠졌습니다.

: 천주교와 동학의 발달 :

이렇듯 나라의 정치가 혼돈을 거듭할 무렵 서학이 보급됩니다. 유럽인들이 중국, 일본과 무역을 하면서 다양한 문물을 소개했잖아요? 이런 것들을 통틀어서 서학이라고 불렀어요. 서양인들의 학문과 문물인데, 많은 이들이 관심을 보였습니다. 이런 방식을 통해 서양인들의 종교, 즉 천주교가 알려집니다. 천주교는 조선왕조가 신봉하는 유교와는 전혀 다른 사상이었죠. 남녀를 동등하게 대하고 모든 인류는 평등하다고 생각하는 종교였습니다. 당시 남인 중에 이벽이라는 인물이 있었어요. 그는 서학에 몰두했는데 천주교에 큰 관심을 가지고 공부하던 중 진심으로 천주교를 믿게 됩니다. 이벽은 가족과 친척을 전도했어요. 낡고 고루한 유학 사상을 포기하고 천주교라는 새로운 믿음을 통해 하느님을 만나야 한다고 주장한 거예요. 이벽을 따라 이가환, 이승훈, 정약종, 정약용 등 남인 측의 여러 사람들이 천주교를 믿습니다. 보통 선교사가 파견되어서 기독교 신앙을 전파하는데 우리나라의 경우에는 놀랍게도 선교사 없이 스스로 믿음을 받아들였어요. 이승훈의 경우 청나라 사신단의 일원이 되어서 베이징에 세워진 천주교회를 찾아가 조선 최초로 세례를 받았어요. 이후 프랑스 선교사들이 우리나라에 들어옵니다. 천주교인들이 급속도로 늘어난 겁니다.

동학도 이 시기에 발전합니다. 최제우라는 인물이 진리를 탐구하다가 큰 깨달음에 도달하게 돼요. 그는 유교, 불교, 도교는 물론이고 무속을 비롯한 민간신앙까지 통합하여 새로운 종교를 만듭니다. 동학이라는 종교가 시작된 거예요. 동학은 '인내천' 사상이 핵심이에요. '사람이 곧 하늘이다.'라는 주장인데 농민들 사이에서 급속도로 퍼져 나갔습니다.

오랜 기간 한반도에는 다양한 민간신앙이 있었어요. 무속 신앙처럼 질병을 치유하고 점을 치는 단순한 신앙도 있었지만 미륵불 같은 구원 사상도 있었답니다. 말세가 되면 불교에서 말하는 마지막 부처님이 세상에 도래해 백성들을 구원한다는 사상이었는데, 혼란기마다 인기를 끌었습니다. 후삼국시대 궁예가 스스로를 미륵이라 칭하기도 했고, 조선 후기에도 미륵불 신앙은 인기가 좋았어요. 그런데 이번에는 동학이라는 신흥 종교가 등장을 한 것이죠.

천주교와 더불어 동학까지 인기를 끄니까 조선왕조는 이를 탄압하기 시작합니다. 이들 종교가 전통적인 유교 윤리에 어긋난다고 보았어요. 동학의 창시자 최제우는 처형을 당해요. 잘못된 주장으로 백성을 미혹한다는 이유였죠. 최제우의 뒤를 이어 최시형이 교주가 됩니다. 정부가 탄압했지만 동학은 백성들 사이에서 널리 퍼져 나갔습니다. 동학의 경우 서학을 잘못되었다고 보았어요. 종교의 이름도 서학을 반대한다는 의미로 동학으로 지은 거거든요. 천주교와 동학, 두 종교는 조선왕조의 탄압에도 불구하고 백성들 사이에서 뿌리를 내리며 발전하게 됩니다.

천주교의 뒤를 이어 개신교 선교사들이 들어오면서 개신교와 천주교는 오늘날 한국의 대표적인 종교로 성장했습니다. 동학은 동학농민운동을 주도하는 등 조선 말기에 적극적인 활동을 펼칩니다. 이후 동학은 천도교로 이름을 바꾸는데, 독립운동사에서 개신교와 더불어 중요한 활약을 펼쳤습니다. 이성계와 정도전이 성리학에 기반하여 유교 국가를 세운 지 500년, 이제 유교가 아닌 새로운 정신세계를 추구하는 종교가 생기면서 역사가 또 한 번 새로운 방향으로 꿈틀대기 시작한 겁니다.

조선의 마지막 혹은 새로운 시작

500년이나 이어져 온 조선은 어떻게 마지막을 맞나요?

: 개혁을 성공시키기는 정말 어려워요 :

한 번 가정을 해 볼게요. 여기 고장 난 냉장고가 있어요. 냉기가 제대로 돌지 못하기 때문에 음식이 쉽게 상할 수밖에 없고 소음도 심해요. 냉장고를 열어 보니 음식이 썩어 있고, 제대로 청소가 되어 있지 않아서 지저분하기 짝이 없어요. 악취가 너무 심해 집 안까지 안 좋은 냄새가 나요. 자, 이럴 때 우리는 무엇을 어떻게 해야 할까요?

당장 냉장고에 있는 음식물을 버리고 깨끗이 청소를 하는 게 먼저일까요? 아니면 새로운 냉장고를 구입해서 교체하는 게 먼저일까요? 새 냉장고를 사는 데는 돈이 많이 드니까 수리를 해서 쓰면 어떨까요? 수리를 하든 구입을 하든 당장 지저분한 음식과 악취는 어떻게 해야 할까요? 정답은 없지만 깨끗이 청소를 하고, 수리가 가능하면 일단 수리를 한 다음, 때가 되면 새로운 냉장고를 구입해야 한다는 것에는 모두 동의할 거예요.

나라도 마찬가지예요. 새로운 문제가 생기고, 새로운 상황이 발생하니 새로운 개혁도 있어야 하죠. 어떤 것이 문제를 해결하는 가장 좋은 방법일까를 두고 논쟁이 생길 수도 있고요. 개혁안이 실패할 수도 있습니다. 어느 부분은 정말 잘했는데 다른 부분에서는 크게 실수를 할 수 있고요. 개혁을 포기해서 상황이 최악으로 치달을 수도 있지요. 냉장고를 청소하는 것보다 훨씬 어려울 수밖에 없답니다.

: 제국주의 시대, 서양 강대국의 식민지 쟁탈전 :

19세기 중반부터 20세기 중반까지를 보통 '제국주의' 시대라고 합니다. 유럽 국가들이 강성해지면서 세계 지배에 나서게 된 거예요. 중국의 청나라, 일본의 에도 막부 등 세계의 수많은 민족과 나라들이 유럽 국가들의 지배를 받게 된 거예요. 대표적인 국가는 영국, 프랑스, 러시아예요. 영국의 경우 세계에서 가장 강력한 해군력을 보유했기 때문에 바다를 돌아다니면서 광대한 식민지를 확보했어요. 포르투갈과 네덜란드 그리고 프랑스를 물리치고 인도를 점령했고 미얀마, 말레이시아 등 동남아시아의 절반을 식민지로 만듭니다. 이집트부터 남아프리카까지 아프리카의 절반은 물론이고 오스

대영제국이라 불린 영국의 영토 점령

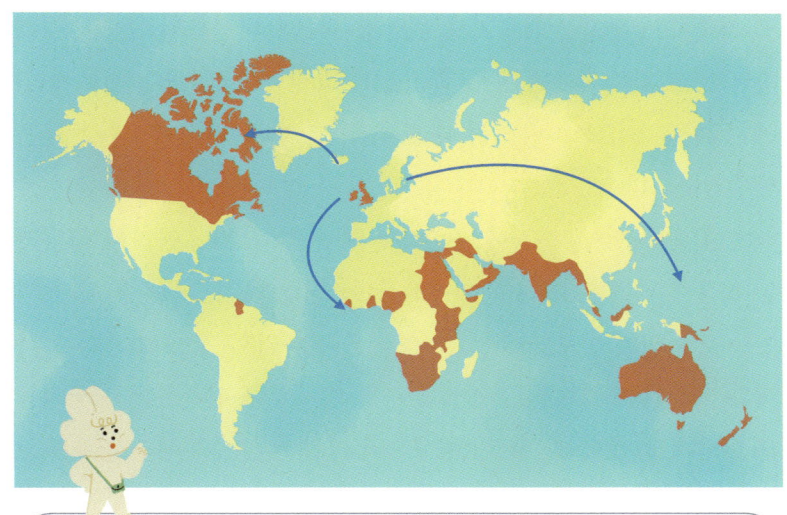

영국은 작은 영토에도 불구하고 강력한 해군력을 바탕으로 전 세계를 침략하며 식민지를 만들었어요. 붉은 색으로 표시된 곳이 영국이 한 때 식민지로 삼았던 나라들이랍니다.

오스트레일리아, 뉴질랜드까지 어마어마한 영토를 점령한답니다. 프랑스도 식민지 개척에 적극적이었습니다. 북아프리카를 중심으로 식민지를 확보했고 베트남을 점령하면서 인도차이나반도 전체를 수중에 넣게 됩니다. 영국과 프랑스가 강력한 해군을 바탕으로 세계를 점령해 갔다면 러시아는 육로를 이용했어요. 시베리아 일대로 진출하면서 서아시아, 중앙아시아, 극동아시아까지 구대륙 전체에 영향력을 행사했습니다.

식민지가 된 나라들은 도무지 싸움에서 이길 수가 없었어요. 아시아, 아프리카의 경우 옛날 무기를 사용했다면 유럽인들은 압도적인 기술로 만들어진 신무기로 무장했거든요. 대부분의 나라에서 배를 나무로 만들었다면 유럽 국가들은 강철로 만든 거대한 배에 엄청난 사정거리를 자랑하는 대포를 싣고 다니면서 여러 나라들을 위협했습니다.

그리고 1840년 중국에서 아편전쟁이 일어나요. 영국이 청나라를 상대로 전쟁을 일으킨 거예요. 중국의 도자기, 비단, 차가 유럽인들에게 인기가 좋았잖아요? 영국은 청나라와 장사를 하다 보니 계속 적자인 거예요. 영국인들은 중국산 제품을 원하는데 중국인들은 그렇지 않았으니까요. 그래서 영국인들은 청나라 사람들에게 아편이라고 불리는 마약을 팔기 시작합니다. 아편이 중국 전역에 퍼져 나가면서 상황이 심각해졌어요. 중독자들이 늘어났고 국민 건강에 위협이 되었죠. 청나라는 임칙서라는 신하에게 전권을 주고 아편 문제를 강력하게 단속하도록 명령합니다. 하지만 이를 빌미로 영국이 전쟁을 일으킵니다. 결과는 청나라의 대패. 영국의 뛰어난 군사력 앞에 청나라 군대는 너무나 쉽게 무너지고 말았어요. 청나라는 홍콩을 영국에게 넘겨주고 5개의 항구를 개방하는 등 굴욕적인 조약을 맺게 됩니다. 세계의 중심임을 자부했던 나라가 어디에 있는지도 모르는 유럽 국가에 항복한 대사건이 발생한 겁니다. 비슷한 시기 미국이 일본에 개항을 요구해요. 해군을 끌고 가서 대포를 펑펑 쏘며 무역을 하자고 강요합니다. 처음에는 저항을 해 보기도 했지만 군사력의 차이가 너무 컸죠. 일본 또한 항구를 열고 열강들과 교류하기 시작해요.

변화하는 세계 앞에서 중국과 일본은 다소 다른 선택을 합니다. 중국의 경우 기존의 제도와 문화를 지키면서 서양의 강력한 무기를 수입하는 정도에 만족했어요. 중국이 영국에 패배한 이유를 군사력 때문이라고 본 거예요. 이에 반해 일본은 서양 문물 모두를 받아들이고자 합니다. '탈아입구', 즉 아시아를 벗어나 유럽 국가처럼 되자는 것이 일본의 입장이었습니다. 기존의 시스템으로는 도저히 서양을 따라잡을 수 없다는 거죠. 무사 중심의 에도 막부를 타도하고 서양의 제도와 관습을 받아들여서 강력한 국가로 거듭나겠다는 생각을 하게 됩니다. 일본은 메이지유신이라는 사건을 통해 기존의 에도 막부가 무너집니다. 그리고 서양인들을 따라 하며 근대국가로 나아가게 돼요. 이러한 사건을 계기로 중국을 중심으로 한 동아시아 세계는 사라지고 맙니다. 서양인들이 세계를 주름잡는 제국주의가 동아시아에도 도래한 거예요.

: 흥선대원군의 강력한 개혁 :

조선의 경우 흥선대원군이 등장하면서 상황이 바뀌어요. 오랜 기간 세도정치 때문에 힘들었잖아요? 흥선대원군은 세도정치를 없애고 나라의 기강을 바로 세우기 위한 마음을 품었습니다. 그리고 철종이 죽은 후 대원군의 둘째 아들 고종이 왕이 됩니다. 아직 고종이 12살밖에 안 되는 어린이였기 때문에 대원군은 고종을 대신하여 국가를 운영합니다.

흥선대원군은 강력한 개혁을 추진합니다. 우선 비변사라는 기구를 없앴어요. 비변사는 군사적으로 특수한 상황에 만들어지는 기구예요. 그런데 임진왜란 이후 비변사가 상설 기구가 돼요. 그리고 권력을 장악한 붕당의 지도자들이 비변사를 독점하면서 권력을 이어 갑니다. 안동 김씨들 역시 비변사를 장악하고 세도정치를 이끈 거예요. 대원군은 비변사를 없애고 의정부를 중심으로 정상적인 정치제도를 복원합니다. 서원도 대폭 줄였어요. 영조 때 600여 개로 줄였잖아요? 대원군은 47개로 확 줄입니다. 지역을 대표하는 명문 기관을 제외하고 모조리 없애 버린 거예요. 저항하면 군대를 보내서 서원을 허물어뜨리기까지 했습니다. 서원에서 학문에 힘쓰지 않고 당쟁이나 일삼고, 비변사를 장악해 권력을 전횡하는 흐름에 철퇴를 가하고자 했답니다. 흥선대원군은 부정부패를 배격하고 투명하게 국가를 운영하기 위해 노력했습니다. 세도정치 때 만들어진 매관매직의 문화를 개선하고자 한 거예요.

대원군은 호포법을 실시합니다. 임진왜란을 겪으면서 조선은 상비군을 만들어요. 원래는 필요할 때마다 농민들을 군사로 부렸는데 한계가 뚜렷했어요. 전문적인 훈련을 받고 언제든지 전투에 투입할 수 있는 군인을 양성하는 것으로 정책을 바꾸었습니다. 그렇게 되면서 백성들은 군사 훈련 대신 군인세를 내야 했어요. 그런데 양반은 이 세금을 내지 않았어요. 평소에도 군사 훈련의 의무를 감당하지 않는데 세금마저 내지 않은 거예요. 흥선대원군은 양반도 세금을 내도록 했습니다. 양반이건 일반 민중이건 모두에게 공평하게 세금을 매겼던 겁니다.

대원군은 사창제를 실시해요. 고려 시대부터 의창이라는 제도가 있었어요. 평소에 국가가 쌀 같은 곡식을 보관하고 있다가 경제적으로 어려운 이들에게 값싸게 팔거나 무상으로 지원했거든요. 일종의 사회보장제도입니다. 조선 시대에도 환곡이라는 이름으로 제도가 이어졌어요. 하지만 시간이 흐르면서 제도가 악용됩니다. 비싼 이자를 받고 쌀을 빌려주는 등 사회복지를 위한 기능이 사라져 버린 거예요. 이 문제를 해결하기 위해 흥선대원군은 사창제를 적극 권장합니다. 양심적인 양반들이 기금을 관리하게 하는 방법인데, 부패한 관리를 견제하기 위한 정책이었습니다.

대원군은 경복궁을 중건했어요. 원래 경복궁은 조선의 정궁이잖아요? 하지만 임진왜란 때 불탔고 광해군이 이를 방치하면서 300년 동안 버려져 있었어요. 한양의 한가운데 조선을 대표하는 궁궐이 오랜 기간 폐허로 방치되었답니다. 흥선대원군은 경복궁 재건을 통해 국가 기강을 바로잡고 싶었습니다. 공사를 진행하면서 난관이 많았어요. 원인 모를 불이 나서 공사가 중단되기도 했고 공사비가 부족해서 문제가 생기기도 했습니다. 당백전이라는 돈을 만들어서 유통시키고 이를 통해 공사비를 충당했는데 물가가 높아지는 등 경제에 악영향을 미치기도 했습니다. 하지만 경복궁이 들어서면서 수도 한양의 모습이 번듯해지고 조선왕조의 위상이 높아지는 등 여러모로 긍정적인 효과도 많았습니다.

: 외세 침략의 신호탄을 올린 병인양요와 신미양요 :

대원군이 강력한 개혁을 추진하는 가운데 뜻하지 않은 사건이 일어납니다. 프랑스 군대와 미국 군대가 연이어 강화도를 침공한 겁니다. 이런 일이 일어날 수 있다는 걸 예상은 할 수 있었어요. 아편전쟁이 대원군 집권 20여 년 전에 벌어졌고 러시아 배가 함경도나 평안도 지역에 자주 출몰했거든요. 흥선대원군이 집권한 5년 차에는 일본에서 메이지유신이 일어나기도 합니다.

이 와중에 병인박해라는 사건이 발생해요. 천주교 신자가 많이 늘어났고 이들을 탄압해야 한다는 목소리가 높았거든요. 원래 대원군은 천주교에 호의적이었어요. 가족 중에 천주교를 받아들인 이들이 많았거든요. 대원군은 천주교를 이용해서 프랑스 무기를 수입하려는 시도도 했습니다. 독자적인 기술로는 강철로 된 배를 만들 수도 없고 강력한 무기를 가질 수도 없었거든요. 특히 러시아배가 자주 출몰했기 때문에 이들의 침공을 대비해야만 했어요. 대원군은 은밀하게 천주교도들을 통해 우리나라에서 활동하고 있던 프랑스인 베르뇌 주교를 만납니다. 하지만 천주교를 통해 프랑스와의 관계를 만들고자 했던 시도는 실패합니다. 이후 천주교 박해 여론이 높아지자 대원군은 입장을 정반대로 바꾸어서 대대적으로 박해를 합니다. 수천 명에 달하는 사람들이 죽었어요. 이전에도 간혹 천주교 신자들을 박해했지만 대부분 수십 명을 넘지 않았거든요. 그리고 국내에서 활동하던 프랑스인 신부들이 처형되는 사건까지 발생합니다. 프랑스는 이를 문제 삼고 강화도를 침공합니다. 전투로 인해 많은 사람들이 죽었고 왕실 관련 서적을 보관하는 일종의 도서관인 외규장각 문화재가 약탈을 당하기도 했습니다.

얼마 후에는 미국 군대가 강화도를 침공하는 신미양요가 일어

나요. 병인양요 즈음에 제너럴셔먼호라는 미국 상선이 평양에서 통상을 요구했거든요. 거절을 하자 무기를 꺼내 들고 평양 일대를 약탈한 거예요. 이에 격분한 평양 사람들이 제너럴셔먼호를 공격하고 불태웁니다. 이 사실을 안 미국이 군대를 끌고 온 거예요. 강화도는 또 한 번 전쟁터가 되고 맙니다.

두 차례 전투에서 조선은 끈질기게 저항했고 몇 차례 전투에서 승리를 거두기도 합니다. 대원군은 프랑스와 미국이 요구한 통상을 거부합니다. 전국 방방곡곡에 척화비를 세우고 서양 세력과의 교류를 거부하고 문화를 개방하지 않을 것을 분명히 했어요. 하지만 같은 시기 일본은 근대국가가 되었죠. 러시아 세력은 남하하고 있었고 영국, 프랑스, 미국, 독일 등 다양한 세력이 한반도 인근 바다에 지속적으로 나타났습니다. 세계가 변화하기 시작한 것이죠.

흥선대원군은 근대국가로 나아가는 세계사적인 흐름을 부정했어요. 내부적으로는 적극적인 개혁을 통해 조선 사회를 변화시키고자 했지만 외부적으로는 변화를 거부하고 전통적인 유교 국가를 고수했습니다. 더구나 조선은 서양의 여러 나라들에 비해 경제적으로 형편이 어렵고 군사력이 절대적으로 열세였답니다. 이제 조선은 어떻게 될까요? 외국과의 교류를 거부하고 독자적으로 생존을 할 수 있을까요? 문화를 개방하고 주체적으로 근대국가가 될 수는 없었을까요?

| 사진과 그림 출처 |

17쪽	경국대전	국립전주박물관
27쪽	수선전도	연세대학교 박물관 소장
33쪽	한양도성	셔터스톡
	종묘	셔터스톡
37쪽	경복궁	셔터스톡
	창덕궁	셔터스톡
48쪽	앙부일구	셔터스톡
	자격루	국립고궁박물관
52쪽	신기전과 신기전 화거(화차)	국립고궁박물관
52쪽	신기전 모습	셔터스톡
57쪽	고사관수도	한국데이터베이스산업진흥원
58쪽	초충도	국립중앙박물관
73쪽	종묘제례악	셔터스톡
114쪽	오죽헌과 검은 대나무숲	셔터스톡
118쪽	난설헌 시집	국립중앙박물관
127쪽	임진전란도	규장각한국학연구원
131쪽	임진왜란 무기들	문화재청 현충사관리소
142쪽	판옥선과 거북선	문화재청 현충사관리소
180쪽	한양도성길	셔터스톡
210쪽	압구정	한국데이터베이스산업진흥원
211쪽	광진	한국데이터베이스산업진흥원
211쪽	나룻배	국립중앙박물관
222쪽	샤를로텐부르크 궁전	셔터스톡
229쪽	추가 김정희 서첩	국립중앙박물관
230쪽	세한도	국립중앙박물관
232쪽	벼타작	국립중앙박물관
	송하맹호도	한국데이터베이스산업진흥원
233쪽	월하정인	국립중앙박물관
234쪽	작호도	국립중앙박물관

꿈꾸는 한국사 2 |조선 시대|
국가는 어떻게 성장하고 쇠퇴하나요?

ⓒ 심용환

1판 1쇄 인쇄 2022년 8월 18일
1판 2쇄 발행 2023년 2월 3일

지은이 심용환
펴낸이 박지혜

기획·편집 박지혜 **마케팅** 윤해승, 장동철, 윤두열 **경영지원** 황지욱
디자인 강경신 **일러스트레이션** 신나라 nardrawing@gmail.com
제작 한영문화사

펴낸곳 ㈜멀리깊이
출판등록 2020년 6월 1일 제406-2020-000057호
주소 03997 서울특별시 마포구 월드컵로20길 41-7, 1층
전자우편 murly@humancube.kr
편집 070-4234-3241 **마케팅** 02-2039-9463 **팩스** 02-2039-9460
인스타그램 @murly_books
페이스북 @murlybooks

ISBN 979-11-91439-18-2 74910
ISBN 979-11-91439-14-4 74910(세트)

- 이 책의 판권은 지은이와 ㈜멀리깊이에 있습니다.
  이 책 내용의 전부 또는 일부를 재사용하려면 반드시 양측의 서면 동의를 받아야 합니다.
- 잘못된 책은 구입하신 서점에서 교환해드립니다.
- ㈜멀리깊이는 ㈜휴먼큐브의 계열사입니다.

본문에 수록된 이미지는 모두 저작권 확인을 거쳐 출처 표시를 완료했습니다.
혹여 저작권 확인이 누락된 작품 또는 이미지가 있을 시, 저작권자가 확인되는 대로 통상의 사용료를 지불하도록 하겠습니다.